相手が話す英語もCDに収録！

海外旅行
ひとこと
英会話
CD-BOOK

藤田英時

●著者プロフィール●

藤田 英時 (ふじたえいじ)

　英語、コンピューター、インターネットの分野で活躍中のライター／ジャーナリスト。米国ベイラー大学でコミュニケーションを専攻後、西南学院大学文学部外国語学科英語専攻卒業。PR会社バーソン・マーステラ日本法人、パソコンソフト会社システムソフト勤務を経て独立。

　英語の分野では、欧米視察コーディネーター、通訳、添乗員などを務め、個人での海外旅行経験も豊富。コンピューター分野では、翻訳出版、書籍編集・執筆、マニュアル制作、プログラム開発、技術サポートなどに携わった。東洋大学で「情報入門」の非常勤講師も務めた。

　著書は『Google英語勉強法』『メール文章力の基本』（いずれも日本実業出版社）、『名作映画で英会話シリーズ ローマの休日』（宝島社）、『できる人は知っている！パソコン便利ワザ100』（PHP研究所）など146冊にのぼる。英検1級、TOEIC®950点取得。

　ホームページ：www.hi-ho.ne.jp/eiji-fujita/　ツイッター：@EijiFujita

は じ め に

　海外旅行を楽しく思い出深いものにするには、途中で接する人たちや現地の人たちとの触れ合い、つまり「コミュニケーション」が重要なポイントになります。海外ではいろいろな外国語が使われていますが、「英語」を話すことができればどこに行っても困ることはありません。「話せる」と言っても、旅行中に使う表現は決まっていますし、簡単なものを状況に応じて言えばいいだけです。また、相手の言う言葉も決まり文句が多いので、どう言うかを知っていれば聞き取りに苦労することもありません。

　そうした表現を本書では、いろいろな場面に応じて６８６フレーズ集めています。そして類書にはない次のような特長があります。

● １つの表現は、大半が「ひとこと」で言える３語や４語くらいになっています
● １つの表現について、２行か３行の短い会話になっています
● 各表現には、言い換え表現などワンポイント説明をつけています
● 重要フレーズは、大きい文字でとくに見やすくしています
● 相手が話す表現も示しているので、聞き取りの際に役立ちます

　付録のCDには、ネイティヴスピーカーによる自然な会話が吹き込まれていますので、まず必要な表現をよく聞いてみてください。そして声に出して練習し覚えて、その成果を実際の会話で生かせるようにしてください。きっと役立ち、おもしろいように通じ、相手の話すこともわかるはずです。

　本書により読者の海外旅行がさらに実り多いものになり、より楽しい思い出ができるなら、著者としてうれしいかぎりです。

　　　　　　　　　　　　　　　　　　　　　　　　　　藤田　英時

本書の使い方

本文

自分が伝えるフレーズと、相手が応じるフレーズをセットにして掲載していますので、相手とのやりとりに困ることなく重要フレーズが覚えられます。

自分が話すフレーズ

海外旅行のさまざまな場面で即役立つ重要フレーズです。
状況別に、日本語を見出しにして、それに対応するフレーズを並べました。

相手が話すフレーズ

簡単な和訳を付記しています。

イラスト

自分が話すフレーズと相手が話すフレーズをイラストでわかりやすく区別しています。

自分　相手

海外での場面

機内からホテル、買い物、トラブルまで海外旅行のさまざまな場面ごとにフレーズを集めました。

ホテル　　　　　　　　　　［予約］

今晩泊まれる部屋はありますか？

Any vacancies tonight?

I'm sorry, but the hotel is all booked up.
（申しわけありません。予約でいっぱいです）

> 文頭の Are there…が省略された形。vacancies は「空いている部屋」booked は「予約済み」の意味。

シングルの部屋をお願いします

What kind of room would you like?
（どんな部屋をご希望でしょうか？）

A single, please.

> 空いている部屋がある場合は、どんな部屋がよいか希望を尋ねられる。a twin（ツイン）と a double（ダブル）を覚えておきたい。

2泊したいのですが

Two nights, please.

All right, ma'am.
（かしこまりました）

> one night, two nights のように泊まりたい日数を伝えること。

部屋の料金はいくらですか？

What's the rate?

It's one hundred twenty dollars per night.
（1泊120ドルです）

> 料金は rate と言う。per night は「1泊について」の意味。

もっと安い部屋はありませんか？

Isn't there anything cheaper?

I'm afraid we don't have anything cheaper rooms available.
（残念ながらこれより安い部屋はございません）

> 「もっとよい部屋はありませんか？」と聞くときは、Any better rooms? と言う。

ポイント

各フレーズについて類似表現、言い換え表現、フレーズの発音・聞き取りのコツなど、会話がスムーズに運ぶようにするためのポイントを紹介しています。

CDトラックナンバー

簡単に頭出しができるように、トラックナンバーを表記しました。見開き2ページ分が1トラックに収録されています。

CD 31

朝食はついていますか？
With breakfast?
- No, breakfast is not included.
(いいえ、朝食は含まれていません)

語尾を上げて質問する。includedは「含まれています」。「朝食つきでお願いします」はWith breakfast, please.と言う。

その部屋にします
I'll take it.
- Put your name and address here, please.
(お名前とご住所をご記入ください)

「それにします」と決定するときの決まり文句。宿泊が決まったら、宿泊カードへの記入をこのように促される。

コラム

海外旅行の場面で役立つフレーズを含んでいます。

コラム7
チップをスマートに渡すために

タクシーを降りるとき、食後の支払いのとき、特別なサービスを頼んだときなどに、海外ではチップを渡す習慣となっています。

タクシーを降りるときなどに料金とチップを一緒に渡す場合には、次のような決まった表現があります。

Keep the change.
(お釣りは取っておいてください)

親切にしてくれた人に、特別にチップをあげたい場合は、こう言って渡します。

This is for you.
(これはあなたにです)

レストランでは、去りぎわにウエイトレスやウエイターに次のように伝えてもいいでしょう。

I've left the tip on the table.
(テーブルにチップを置きました)

クレジットカードで料金を支払う場合は、伝票にチップの額を書き入れて、次のように言います。

I wrote the tip here.
(ここにチップを書きました)

海外での場面

章立てにそって必要なフレーズがここから検索できます。

単語集

章の最後に、場面に関連した重要単語をまとめています。

旅の単語集 ①

飛行機

日本語	英語	日本語	英語
案内	information	接続便	connecting flight
遺失物取扱所	lost and found	チェックインカウンター	check-in counter
ウイング	wing	チェックインする	check in
遅れる	delay	着陸	land
カート	cart	直行の	direct
カウンター (航空会社の)	airline counter	通過	transit
確認をする (予約の)	confirm	通路側の席	aisle seat
為替相場	exchange rate	翼	wing
観光	sightseeing	手荷物	baggage
機内アナウンス	announcement	手荷物受取所	baggage claim area
機内映画	in-flight movie	手荷物検査	security check
機内乗務員	flight attendant	トイレ	lavatory
機内販売	in-flight sale	トイレ使用中/空き	
機内持ち込みの手荷物	carry-on baggage		
キャンセルする	cancel		

CD

正しい発音が身につくCD付です。
「自分が話すフレーズ」を女性ナレーターが、
「相手が話すフレーズ」を男性ナレーターが読んでいます。

CONTENTS

第1章 ## 基本表現 General Phrases ·········· 9〜30
- あいさつ表現 ································· 10
- 出会った人と話す ····························· 16
- 写真を撮る ··································· 22
- 両替／支払い ································· 24
- 道を尋ねる ··································· 28

第2章 ## 飛行機 On the Plane ·········· 31〜48
- 機　　内　着席 ······························ 32
- 　　　　　飲食サービス ······················ 34
- 　　　　　各種サービス ······················ 36
- 　　　　　着陸 ······························ 39
- 空　　港　入国審査 ·························· 40
- 　　　　　税関審査 ·························· 42
- 　　　　　荷物の運搬／両替 ·················· 44

第3章 ## 交通機関 Getting Around ·········· 49〜74
- タクシー ····································· 50
- バス ··· 56
- 電車 ··· 60
- レンタカー ··································· 64
- 飛　行　機　予約 ···························· 68
- 　　　　　　搭乗 ···························· 70
- 　　　　　　乗り継ぎ ························ 72

第4章 ## ホテル At the Hotel ·········· 75〜100
- 予約 ··· 76
- チェックイン ································· 80
- ルームサービス ······························· 82
- フロントサービス ····························· 84
- 郵便 ··· 89
- 電話 ··· 90
- トラブル ····································· 94
- エレベータ ··································· 97
- チェックアウト ······························· 98

第5章	食　事 At the Restaurant ·············101〜130

レストラン　入店··102
　　　　　　軽食··107
　　　　　　料理を選ぶ··110
　　　　　　注文··114
　　　　　　食事中··118
　　　　　　支払い··122
トラブル··124
ファーストフード··127

第6章	買い物 At the Store ·······················131〜144

店員との会話··132
支払い··138
包装／返品··142

第7章	娯　楽 Entertainment ··················145〜158

観光／ツアー　予約··146
　　　　　　　観光地··150
映画／演劇··154
スポーツ··156

第8章	トラブル対策 Help! ······················159〜168

押し売り／紛失／盗難······································160
病気／けが··164
交通事故··166

衣服サイズ変換表··169
電話での話し方／かけ方··································170
主要都市の気候··172
世界各国の時差早見表······································174

索引···176〜183

COLUMN CONTENTS

- コラム1 皆さん一緒の写真を撮りましょうか？……………………12
- コラム2 現金化・両替がかんたんにできる表現………………15
- コラム3 機内アナウンスが早口で聞き取れない！……………38
- コラム4 パスポートは命の次に大切な必需品……………44
- コラム5 電話で支払いをカードにつけるときの表現…………47
- コラム6 タクシーに乗って2カ所に止めてもらうには…………55
- コラム7 チップをスマートに渡すために……………………77
- コラム8 オムレツの具は皆入れてください……………………79
- コラム9 お食事はいかがでしょうか？……………………116
- コラム10 海外でショッピングを楽しむために………………141
- コラム11 本場の演劇・ミュージカルが観たい！………………157
- コラム12 なくしものをしたら……………………………163
- コラム13 海外でワインをかっこよく注文するには……………167

686 Phrases for Travel Abroad

基本表現

第 1 章

General Phrases

あいさつ表現

出会った人と話す

写真を撮る

両替／支払い

道を尋ねる

基本表現 ―― [あいさつ表現]

はい

😊 Are you from Japan?
（日本から来たのですか？）

Yes, I am.

> Yes.だけではややぞんざいなので、Yes, I am.と答える。Do you come from Japan?と聞かれたらYes, I do.と答える。

いいえ

😊 Are you from China?
（中国から来たのですか？）

No, I'm not.

> No.と言うだけではなく、No, I'm not. I'm from Japan.「いいえ、日本から来ました」などとあとの会話が続くように答えるとよい。

はい、お願いします

😊 Coffee?
（コーヒーはいかが？）

Yes, please.

> 何かを勧められた場合はYes.と言うだけではなく、Yes, please.と言って受ける。

いいえ、結構です

😊 Any dessert?
（何かデザートは？）

No, thank you.

> 何かを断る場合はただNo.と言うだけではなく、No, thank you.と言う。

何ですか？

😊 Excuse me.
（すみませんが）

Yes?

> Yes?と語尾を上げると「何ですか？」の意味になる。

おはよう

Good morning.

Good morning. May I help you?
(おはようございます。何かご用でしょうか?)

> こちらから気軽に声をかけると親しみをもたれる。ホテルのフロントやお店などではMay I help you?「いらっしゃいませ」が使われる。

こんばんは

Good evening.
Check in, please.

Good evening. May I have your name?
(こんばんは。お名前をどうぞ?)

> Check in, please.は「チェックインしたいのですが」。May I have your name?「お名前をいただけますか?」はいろいろな状況で尋ねられる表現。

おやすみ

Good night.

Good night. Have a pleasant stay.
(おやすみなさい。ごゆっくりなさってください)

> ホテルに泊まると、従業員がHave a pleasant stay.やEnjoy your stay.「滞在を楽しんでください」などとよく声をかけてくれる。Thank you.と答えればよい。

こんにちは

Hello.

Hi.
(こんにちは)

> Hello.はHi.でもよい。知らない人とホテル内ですれ違うときなどにHi.と声をかけると好感をもたれる。Hello.やHi.は1日のうちいつ使ってもよい。

お元気ですか?

How are you?

Fine, thank you.
(元気です。ありがとう)

> How are you doing?も同じ意味。

あいさつ表現

基本表現 ──────[あいさつ表現]

とても元気です

☺ How are you?
（お元気ですか？）

Just fine, thank you. And you?

> How are you?と聞かれたら、お礼を言ってAnd (how are) you?「あなたは？」と聞き返すのが礼儀。

少し疲れぎみです

☺ How are you?
（お元気ですか？）

I'm a little tired.

> 「時差ぼけなんです」は、I have jet lag.と言う。
> 「風邪ぎみなんです」は、I think I'm getting a cold. と言う。

コラム 1

皆さん一緒の写真を撮りましょうか？

観光地などで私たちが互いに写真を撮り合っていると、通行人やほかの旅行者が「皆さん一緒の写真を撮りましょうか？」と声をかけてくれることがよくあります。

Shall I take a picture of all of you?

という決まり文句です。

Yes, please. Thank you.
（ありがとう。お願いします）

と言って写真を撮ってもらいましょう。逆にこの表現を使って、ほかの旅行者たちの写真を撮ってあげると喜ばれるでしょう。

会話例

☺ Shall I take a picture of all of you?　　皆さん一緒の写真を撮りましょうか？
● Oh, thank you.　　ありがとうございます。
☺ Everyone, smile!　　皆さん笑って！
　 There you go.　　はい撮りました。
● Thank you very much.　　どうもありがとうございました。

さようなら

- Thank you.
  Good bye.
- Bye!
  (さようなら)

> 人と別れるとき、レストランを去るときにはGood bye.やBye.と言う。Bye now.は電話を切るときに使う。

じゃあまた

- See you later.
  (またね)
- **See you.**

> 2表現ともに、相手と次に会う予定が特にない場合に使う。「明日お会いしましょう」はSee you tomorrow.と言う。

よい1日を

- **Have a nice day.**
- Thank you. You too.
  (ありがとう。あなたもね)

> 人との別れぎわにこう言うと好感をもたれる。ホテルの従業員などもよく使う表現。You too.は「あなたも」と言いたいときの略式の表現。

あなたもね

- Happy holidays!
  (楽しい休暇を)
- Thank you.
  The same to you.

> Happy Valentine!「幸せなバレンタインを」、Merry Christmas!「楽しいクリスマスを」、などに対する返事。You too.よりもていねいな表現。

ありがとう

- Go straight.
  (まっすぐ行けばいいです)
- **Thank you.**

> Thank you very much.やThanks a lot.「どうもありがとう」はより強い感謝の表現。

あいさつ表現

基本表現 ― [あいさつ表現]

いろいろとありがとう

Thank you for everything.

Not at all.
（どういたしまして）

> 感謝の対象を語尾につけて Thank you for your kindness. 「ご親切に感謝します」、Thank you for your trouble. 「ご尽力に感謝します」なども言える。

どういたしまして

Thank you very much.
（どうもありがとう）

You're welcome.

> 人からお礼を言われたときに返す表現。Not at all. とも言える。よりていねいに My pleasure. 「喜んで」とも言える。

こちらこそ、ありがとう

Thank you.
（ありがとう）

No, thank you.

> No と言ったあとやや間隔を置いて、you を強く発音すると「こちらこそ、ありがとう」という意味になる。

すみません

Excuse me.

Sure.
（いいえ）

> 人の注意を引きたいとき、ものを尋ねるとき、人と接触したとき、人の前を通るときに使う表現。Excuse me? と語尾を上げると「もう1度言ってください」の意味。

こちらこそ、すみません

Excuse me.
（すみません）

Excuse me.

> Excuse と言ったあとやや間隔を置いて、me を強く発音すると「こちらこそ、すみません」という意味になる。

ごめんなさい

I'm sorry.

That's OK.
(いいんです)

> 「遅れてごめんなさい」は、Sorry I'm late. と言う。状況によってはI'm sorry.「お気の毒です」という意味にもなる。

感謝しています

I appreciate it.

Not at all.
(どういたしまして)

> フォーマルな感謝の表現。it は相手の厚意など感謝の対象を指す。I appreciate your help.「お手伝いいただき感謝します」のように具体的に述べてもよい。

コラム2

現金化・両替がかんたんにできる表現

海外での支払いはクレジットカードを使うと簡単で便利ですが、ちょっとした買い物やタクシーの支払い、チップなどには現金が必要です。

トラベラーズチェックを現金化するときはこう言います。

Cash this, please.
(これを現金にしてください)

お札を両替したいときは、こう言います。

Change this, please.
(細かくしてください)

ふつう適当に両替がされて現金が返ってくるのですが、

How would you like it?
(内訳はどのようにしますか?)

と聞かれることもあります。その場合は希望するお札の枚数と額面($)を伝えます。

Ten tens, please.
(10ドル札10枚にしてください)

One five and five ones, please.
(5ドル札1枚と1ドル札5枚にしてください)

基本表現 ── [出会った人と話す]

お話ししてもいいですか？

Excuse me.
Can I talk to you?

Sure.
(いいですよ)

> May I talk to you?は、非常にていねいな表現。外国では Where are you from?「どこから来ましたか？」などと気さくに話しかけてくる人が多い。

私は真希子です

I'm Makiko.

Hi, I'm Tom.
(こんにちは、トムです)

> 外国人にもわかりやすいように自分の名前を伝えること。Call me Maki.「マキと呼んでください」のようにニックネームを言うと覚えてもらいやすい。

こちらは友人の恵子です

This is my friend, Keiko.

Hello, I'm Tom.
(こんにちは、トムです)

> 人を紹介するときは、日本語の「こちらは」と同じで、He isやShe isではなくThis isを使う。This is my wife.「こちらは妻です」などと言う。

お名前は？

Your name, please?

I'm George.
(ジョージです)

> 語尾を上げて話すこと。「もう1度お名前を」と聞くときは、Your name again, please.と言う。

会えてうれしいです

Nice to meet you.

Nice to meet you.
(こちらも会えてうれしいです)

> 相手がyouを強めて言えば、「こちらこそ」ということ。Good [Pleasure] to meet you.とも言える。Nice to meet you, too.とも言える。

日本から来ました

- I'm from Canada.
（私はカナダから来ました）
- **I'm from Japan.**

> fromで出身地を表す。I come from Japan.とも言える。

どこから来ましたか？

- **Where're you from?**
- I came all the way from Brazil.
（ブラジルからはるばる来ました）

> 出身地を聞かれたあと、「ではあなたは？」と今度は相手がどこから来たのかを聞く場合は、Where're you from?のyouを強く発音する。

休暇で来ました

- **I'm here on vacation.**
- Good for you.
（いいですね）

> hereに続けてon business（仕事）、on my [our] honeymoon（新婚旅行）やto study（勉強）などと旅行の目的を言う。

旅行の目的は何ですか？

- **What brought you here?**
- Business and pleasure.
（仕事と遊びが半分ずつです）

> 直訳すれば「何があなたをここに連れてきたのですか？」で、実に英語らしい表現。Half on business and half for pleasure.と言うことも多い。

ここは初めてですか？

- **First time here?**
- Yes, first time.
（はい、初めてです）

> 語尾を上げて話す。First visit here? [Is this your first visit here?] とも言い換えられる。

基本表現 ― [出会った人と話す]

どこまで行くのですか？

How far are you going?

- I'm going to Las Vegas.
（ラスベガスまで行きます）

> 「どちらまでですか？」と尋ねる決まり文句。Where are you going?「どこへ行くのですか？」と言うのは間違い。

私たちとご一緒してください

Join us, please.

- If you say so.
（そうおっしゃるなら）

> 「昼食でもご一緒に」はJoin us for lunch. と言う。

電話番号を教えてください

Your phone number, please.

- OK, it's 3456-9871.
（はい、3456-9871です）

> 文頭のMay I have...またはCan I have...を省略した表現なので、語尾を上げて話す。

住所を教えてください

Your address, please.

- I'll write it down.
（書いて差し上げます）

> 文頭のMay I have...またはCan I have...を省略した表現なので、語尾を上げて話す。write it downは「紙に書く」

会えてよかったです

Nice meeting you.

- Same here. Enjoy your trip.
（こちらもです。旅行を楽しんでください）

> 人と会って会話をしたあとに使う決まり文句。文頭のIt's been...が省略されている。Nice to meet you. は初めて会った人に対して最初に使う表現。

CD 5

話せて楽しかったです

Nice talking to you.

Nice talking to you, too. Bye!
(こちらも楽しかったです。さようなら)

「話すことができて楽しかった」という決まり文句。文頭のIt's been...が省略されている。

お元気で

Take care.
Bye.

Good luck. Bye.
(幸運を。さようなら)

Take care.は「気をつけて」の意味。別れのあいさつには、Take care.やGood luck.をつけることが多い。

また会えてうれしいです

Hi!
Good to see you again!

Nice to see you!
(こちらもうれしいです)

どこかで知り合った人にまた会ったときの表現。meetは初めて会う人や日時を決めて会う人に対する言葉なので、この場合はseeを使う。

偶然ですね

What a coincidence!

Small world, isn't it?
(世の中狭いですね)

「何という偶然の一致」という意味。small worldは文字どおり「狭い世の中」のこと。

いい旅行をなさってください

Have a nice trip.

Thank you. Take care.
(ありがとう。お元気で)

「よい帰国の旅をなさってください」は、Have a nice trip home.と言う。

出会った人と話す

基本表現 ――[出会った人と話す]

英語を少し話せます

😊 Do you speak English?
(英語は話しますか?)

💬 **I speak some English.**

> Yes, some English.でもよい。「ほんの少しだけ英語を話します」は、I speak a little English.と言う。

もう1度言ってください

😊 What brought you here?
(ここに来た目的は何ですか?)

💬 **Pardon?**

> I beg your pardon?と言うとフルセンテンスだが、Pardon?と語尾を上げて言うだけでも十分伝わる。Excuse me?と語尾を上げて言ってもよい。

ゆっくり話してください

💬 **Slowly, please.**

😊 OK, I'll try.
(では、できるだけ)

> Speak more slowly.がフルセンテンスだが、More slowly.またはSlowly.だけでも意思は伝わる。

意味がわかりません

😊 Cash or charge?
(キャッシュですかチャージですか?)

💬 **I don't understand.**

> 相手の言うことがわからない場合ははっきりと伝えること。Cash or charge?は、「支払いは現金ですか、クレジットカードですか?」と尋ねる意味。

これに書いてください

💬 **Write it down, please.**

😊 All right.
(いいですよ)

> 相手の言うことがわからない場合は、Spell it, please.「つづりを言ってください」やRephrase it, please.「言い換えてください」などと言ってみる。

CD 6

ええっと...そうですね...

😊 What are your plans for tomorrow?
(明日のご計画は？)

🗨 **Well....**
Let me see....

> 少し間を取りたいときはWell.、少し考えたいときはLet me see.と言う。

ちょっと待ってください

🗨 **Just a moment.**

😊 Please take your time.
(どうぞごゆっくり)

> Just a minute.とも言える。Please take your time.の直訳は「時間を十分にかけてください」

そう思います

😊 Is that the entrance?
(あれは入口ですか？)

🗨 **I think so.**

> soは日本語の「そう」と意味も発音もほぼ同じという珍しい英単語。

そう思いません

😊 Is that the exit?
(あれは出口ですか？)

🗨 **I don't think so.**

> ふつうdon'tよりもthinkのほうを強く発音する。「知りません」はI don't know.となる。

～してもいいでしょうか？

😊 This is something for you.
(これを差し上げます)

🗨 Oh, thank you very much.
May I?

> 開けるジェスチャーをしながら言うMay I?はMay I open it?のこと。相手にそれとわかるジェスチャーをしながら言うだけで伝わる便利な表現。

出会った人と話す

基本表現 ——[写真を撮る]

写真を撮ってもいいですか？

Can I take pictures?

Yes, but no flash, please.
(いいですが、フラッシュは禁止です)

> 写真はふつう何枚か撮るので、picturesと複数形で言う。no flash（フラッシュ禁止）は覚えておく。「ビデオを撮ってもいいですか？」はCan I take video?と言う。

フラッシュをたいていいですか？

Can I use a flash?

I'm afraid you can't in here. But you can from the outside.
(中は禁止ですが、外からならいいです)

> Flash OK?でも通じる。「フラッシュなしならいいですか？」はIf no flash, OK? と言う。I'm afraid...は「残念ですが」と柔らかく断るための表現。

私の写真を撮ってください

Take my picture, please.

Sure.
(いいですよ)

> 「私たちの写真を撮ってください」は、Take our picture, please.と言う。my（私の）がour（私たちの）に変わっていることに注意。

このボタンを押すだけです

Just press this.

OK.
(はい)

> ボタンを指しながら言う。文末のbuttonが省略されている表現。Just press here.と言ってもよい。

もう1枚お願いします

One more, please.

All right.
(わかりました)

> ていねいに頼むときはCould you take one more?と言う。

あなたの写真を撮りたいのですが

Can I take your picture?

Why not?
(いいですよ)

Can I take a picture of you?とも言い換えられる。Why not?は「駄目な理由はない」という意味。

写真を一緒にお願いします

Can we get a picture together, please?

Sure.
(はい)

Picture together.は「写真を一緒に」と頼むときのもっとも簡単な表現。May I take your picture with us?とも言える。

真ん中に来てください

In the middle, please.

OK.
(はい)

文頭のStandが略されている。Stand here, please.「ここに立ってください」と言ってもよい。

笑って！

All right, I'm gonna take it!
Smile!

「お互いにもっと近づいて」は、Get closer together!と言う。gonnaはgoing toを早口で言ったときのスペル。

写真をお送りします

Tell me your address.
I'll send you the picture.

Great.
(いいね)

「手紙を書きますね」は、I'll write to you.と言う。

基本表現 ——[両替／支払い]

両替はどこでできますか？

Where can I exchange money?

Right here, ma'am.
（こちらでできます）

通貨を「両替する」は、exchangeを使う。

両替してください

Exchange, please.

Yes, ma'am.
（かしこまりました）

日本円などのお札を渡して、こう言えばよい。

ドルに替えてください

Exchange to dollars, please.

All right. May I see your passport?
（では、パスポートを見せてください）

両替したい通貨をこう指定する。「円をドルに替えてください」はExchange yen to dollars, please.と言う。

これを現金にしてください

Cash this, please.

How would you like it?
（内訳はどのようにしますか？）

トラベラーズチェックを見せてこう言えばよい。たいてい「どの単位に両替するか」を聞かれるので、以下の表現を使って答える。

10ドル札を10枚にしてください

Ten tens, please.

Certainly, ma'am.
（承知しました）

100ドル札を両替するときの表現。お札の枚数と額とを並べて言えばよい。わざわざten ten dollar billsと言う必要はない。

5ドル札1枚と1ドル札5枚にして

One five and five ones, please.

Yes, here you are.
(はい、どうぞ)

10ドル札を両替するときの表現。わざわざ5ドル札をfive dollar bill、1ドル札をone dollar billと言う必要はない。

1ドル札を10枚にしてください

Ten ones, please.

OK, here's one, two, ... ten.
(はい、1ドル、2ドル、...10ドルです)

10ドル札をすべて1ドル札に両替するときの表現。[All] singles.「すべて1ドル札」と言ってもよい。

小銭にしてください

Small change, please.

All right, ma'am.
(かしこまりました)

お札を見せながら言う。changeは「くずした金、小銭、釣り銭」の意味。「釣り銭がいらないお金」はexact changeと言う。

くずしてください

Change this, please.

The cashier over there will take care of it.
(あちらのレジで承っております)

50ドル札などを見せながら言う。Can you change a 50 dollar bill?がフルセンテンス。

いくらですか?

How much?

It's forty-nine, ninety-five.
(49ドル95セントです)

購入したものが1つならばHow much is it?、2つ以上ならばHow much are they?と言うが、How much?だけでも十分伝わる。

両替／支払い

基本表現 ―― [両替／支払い]

合計でいくらですか？

What's the total?

- It'll be two hundred fifty-five dollars forty-eight cents.
 （255ドル48セントになります）

> How much all together?「全部でいくらになりますか？」とも言うことができる。It'llはIt willを省略した形。

こちらで支払いできますか？

Can I pay here?

- Please pay at the cashier over there.
 （あちらのお勘定場でお支払いください）

> Where do I pay?「どこで支払えばいいですか？」とも言える。cashierは「レジ係」のこと。

現金で払います

- Cash or charge?
 （現金ですか、カードですか？）

Cash, please.

> 支払い方法についてレジでよく聞かれる質問。文頭のWill it be...が省略された形。chargeは、カードに「金額をつける」という意味。

カードで払います

- Will it be cash or charge?
 （現金ですか、カードですか？）

Charge, please.

> こう言って、カードを渡す。May I have your card, please?.「カードをいただけますでしょうか？」と言われたら、Here you are.「これです」と言って渡す。

クレジットカードは使えますか？

Credit card, OK?

- Certainly! We take all major credit cards.
 （主要カードはすべてご利用できます）

> Do you take [accept] a credit card?を省略した表現。VISA, OK?やDo you take VISA?「ビザは使えますか？」とも言うことができる。

トラベラーズチェックでもいい？

Traveler's checks, OK?

- Of course. Go ahead and sign it.
（もちろんです。サインしてください）

traveler's checksはトラベラーズチェック。Do you have any ID?「何か身分証明書はお持ちですか？」と聞かれたら、パスポートを見せる。

日本円は使えますか？

Japanese yen, OK?

- Sure.
（はい）

Can I pay in Japanese yen?がフルセンテンス。I'm afraid, we don't accept Japanese yen.（日本円はご利用できません）と断られることもある。

税金が戻りますか？

Tax return?

- No, ma'am. You need to buy more than three hundred dollars.
（300ドル以上お買い上げが必要です）

フランス、イタリアなどでは買い物の額が一定の金額を超えるとあとで税金が戻るので、こう言って確認をする。免税はtax [duty] freeと言う。

お釣りが違います

- Here's your change.
（お釣りです）

The wrong change.

You gave me the wrong change.がフルセンテンス。I'm shortchanged.「お釣りが足りません」とも言うことができる。

多く取られました

You overcharged me.

- Oh really? Let me check it again.
（そうですか？ もう1度確認します）

I'm overcharged.とも言うことができる。

両替／支払い

基本表現 ―――――――――[道を尋ねる]

トイレはどこですか？

Where's the rest room?

It's just around the corner.
(その角を曲がったところです)

> Where's...?で場所を尋ねる。トイレは、街頭、デパート内、家庭などどんなところのものでもrest roomでよい。restroomとつづけてつづられることもある。

この地図でここはどこですか？

Excuse me. Where am I on this map?

You are right here.
(ちょうどここです)

>「ここはどこですか？」はWhere is this?ではなくWhere am I?と言う。地図を見ながら尋ねる場合はon this mapをつける。

これは何通りですか？

What's this street?

It's Broadway.
(ブロードウェイです)

> What this address?「この住所は？」、またはWhat's the name of this building?「このビルの名前は？」などと尋ねるとよい。

駅はあの方向ですか？

Is the station that way?

Yes, it is. You can't miss it.
(はいそうです。すぐわかりますよ)

>「この」this、「あの」thatを使い分けること。You can't miss it.は直訳すると「見つからないはずはありません」となる、よく使われる表現。

タクシー乗り場はどこですか？

Where's a taxi stand?

It's two blocks that way.
(あちらに2ブロック行ったところです)

> Where can I get a taxi?「どこでタクシーがつかまりますか？」でもよい。海外では流しのタクシーはほとんどないので、ホテルなどのタクシー乗り場を探す。

道を尋ねる

近くに銀行はありますか？

Is there a bank nearby?

- Yes, it's right there.
  (はい、すぐそこです)

「近くに郵便局はありますか？」はIs there a post office nearby?、「近くに地下鉄はありますか？」はIs there a subway nearby?と尋ねる。

公衆電話はどこですか？

Where's the phone?

- It's inside that building.
  (あのビルの中です)

「～はどこですか？」はWhere's ...?と尋ねる。公衆電話はpay telephoneまたはpublic telephoneだが、phoneと言うだけでも伝わる。

入口はどこですか？

Where's the entrance?

- It's on the other side of this building.
  (このビルの反対側です)

You have to go around the building.「ビルにそってぐるりと回りなさい」などと言われるかも。

出口はどこですか？

Where's the exit?

- Go that way and make a left.
  (あの方向に行って左に曲がってください)

道を教えるときは命令形がふつう。make a leftはturn to the leftとも言える。

どう行けばいいですか？

How do I get there?

- It's best to take the subway.
  (地下鉄に乗るのがいちばんです)

get to...で「～までの行き方」

基本表現 ［道を尋ねる］

近くに地下鉄はありますか？

Is there a subway nearby?

No, I'm afraid not.
（いや、ありませんね）

> near（近く）はaround here（このあたり）とも言い換えられる。

駅にはどう行けばいいですか？

How do I get to the station?

Just go along this river.
（この川にそって行くだけです）

> 「～にはどう行けばいいですか？」と尋ねるにはHow do I get to ...?を使うと便利。

ここから遠いですか？

Is it far from here?

It's not too far.
（そんなに遠くではありません）

> ここでのfarは重要な単語。強く発音する。

歩いて行けますか？

Can I walk there?

I guess you can.
（まあ行けるでしょう）

> ここでのwalkは重要な単語。強く発音する。

何分くらいかかりますか？

How many minutes?

About ten to fifteen.
（10分から15分くらいです）

> How many minutes does it take?がより正確な表現だが、このように省略してもよい。

686 Phrases for Travel Abroad

第 2 章

飛行機

On the Plane

機内
空港

飛行機 ［機内］

私の席はどこですか？

Where's my seat?

- It's down this aisle, to your right.
  (この通路の先の右側です)

> 搭乗券を見せながらWhich way?「どちら？」と聞くのもよい。aisle seat（通路側の席）とwindow seat（窓側の席）を知っておこう。

私の席に座っていますよ

You're sitting in my seat.

- Oh, I'm sorry.
  (あ、ごめんなさい)
- That's OK.

> on my seatとは言わないので要注意。What's your seat number?「あなたの座席番号は？」と相手に確かめる。That's OK.は「いいんですよ」の意味。

私の席です

This is my seat.

- Oh, wait a second.
  I'll move my baggage.
  (ああ待って。今荷物をどけます)

> 「あれが私の席です」と指さして言うときは、That's my seat.となる。

あの席に移っていいですか？

Can I move there?

- Yes, you can.
  (結構ですよ)

> thereをto an aisle（通路側の席に）など具体的な席に言い換えるともっと明確。Can I have this seat?「この席に座ってもいいですか？」とも言える。

あの窓側の席に移ってもいい？

Can I move to that window seat?

- I'm afraid that's taken.
  (残念ですが、ふさがっています)

> Is this seat taken?「この席に誰かいますか？」と聞いてもよい。The seat is taken.は「この席はふさがっている」の意味。

席を替わってください

Can we change seats, please?

No problem.
(いいですよ)

「席を替わる」はtradeやexchangeを使わないので要注意。Mine is over there.(私の席は向こうですが)などと言うとよい。

ちょっと出してください

Excuse me. Let me out, please.

Sure.
(どうぞ)

席を離れるときに隣りの人に言う表現。Let me get out.のgetが省略された形。

ちょっと通してください

Excuse me. Let me through, please.

Please wait a moment.
(ちょっと待ってください)

ふさがっている通路を通してもらうときの表現。Let me get through.のgetが省略された形。ほかにGo ahead.「いいですよ」などの答えが返ってくる。

シートを倒してもいいですか？

Can I recline my seat?

Hold on a second.
OK, go ahead.
(ちょっと待って。いいですよ)

reclineはput backにも言い換えられる。ほかにSure.やNo problem.などの答えが返ってくる。

シートを立ててください

Put up your seat, please.

Oh, OK.
(ああ、いいですよ)

put upはbring upにも言い換えられる。「シートを倒してください」はPut your seat back, please.と言う。

機内▼着席

飛行機 ―――［機内］

オレンジジュースをください

- What would you like to drink?
（お飲み物は何になさいますか？）
- **Orange juice, please.**

飲み物を頼むときはCoke, please.「コーラをください」のように飲み物＋pleaseと言う。何もいらない場合は、No, thank you.でよい。

ビールをください

- Something to drink?
（何かお飲み物は？）
- **Beer, please.**

「何かお飲み物は？」という意味でSomething to drink?やAnything to drink?と聞かれる。Budweiser, please.などと銘柄でも頼める。

ワインをください

- **Some wine, please.**
- Sure. White or red?
（はい。白と赤のどちらですか？）

Could I have some wine, please? がフルセンテンス。ていねいな表現になる。

もう一杯ください

- **Another one, please.**
- All right.
I'll be right back.
（すぐにお持ちいたします）

具体的にanother juice、another beerなどと言えばより明確。I'll be right back.は「すぐに戻ります」の意味。

ビーフをください

- Which would you like, beef or chicken?
（ビーフとチキンとどちらに？）
- **Beef, please.**

What would you like...? とも聞かれるので食べたい物＋pleaseで答える。Meat or fish?「お肉ですか、お魚ですか」と聞かれることもある。

まだ、済んでいません

- Are you finished?
  (お済みになりました？)
- **No, not yet.**

> 「済みました」はYes, I'm finished. と言う。ほかMay I take your tray?「トレーをお下げしましょうか？」の問いにはYes, please.かI'm not finished.と答える。

紅茶をください

- Coffee, hot tea, green tea?
  (コーヒー、紅茶、日本茶はいかが？)
- **Hot tea, please.**

> Tea, please.でも十分だが、iced tea（アイスティー）もあるのでhot teaと言っておけば間違いない。

コーヒーをください

- **Coffee, please.**
- Cream and sugar?
  (クリームと砂糖は？)
- Yes, please.

> Just cream [sugar], please.「クリーム（砂糖）だけお願いします」、Black is just fine.「ブラックでいいです」などと答える。

もう結構です

- Coffee?
  (コーヒーをいかがですか？)
- **No, thank you.**

> I've had enough. Thank you.とも言える。この表現は直訳すると「十分いただきました」ということ。

トレーを下げてください

- **Take it away, please.**
- All right.
  (わかりました)

> Take this away.やTake my tray away.とも言える。itはトレーを指す。コーヒーなど飲み物だけを残したい場合は、それを指してI'll keep this.と言う。

機内▼飲食サービス

飛行機 ーーーーーーー [機内]

荷物をここに置いていいですか？

Can I leave my baggage here?

Please put it in the overhead bin.
（上の棚に置いてください）

leaveはputでも言える。「どこに置けばいいですか？」はWhere can I put it?、「上の棚」はoverhead bin、「前の席の下」はunderneath the seat in front of you

私の荷物を預かってください

Look after my baggage, please.

OK, I'll put it over here for you.
（では、こちらに置いておきます）

ていねいに言うときはCould you...?を頭につける。「荷物を戻してください」はMy baggage, please.と言う。

毛布をください

Excuse me.

Yes?
（はい？）

Blanket, please.

ほしいもののあとにpleaseをつけて言う。Some water, please.「お水をください」などと言う。「もう1枚毛布をください」はOne more blanket, please.

日本語の新聞はありますか？

Any Japanese papers?

Yes, we have these.
（はい、これらがあります）

Do you have...が省略された表現。
papersはnewspapers（新聞）のこと。May I have this?と言って読みたい新聞を取る。

日本語の雑誌はありますか？

Any Japanese magazines?

Sorry, we don't have any left.
（1冊も残っておりません）

Do you have...が省略された表現なので文末を上げて話す。leftは「残っているもの」の意味。

読書灯スイッチが壊れています

The light switch is broken.

- You're pushing the wrong button. Here.
  (違うボタンを押していますね。これです)

> lightはreading lightのこと。「読書灯をつけたいのですが」はHow do I turn on the (reading) light?と言う。「読書灯を消す」はturn off the lightと言う。

どんな映画がありますか？

What movies are on?

- We'll be showing two movies. The first one is ....
  (2本の映画を上映します。1本目は...)

> onをshowingに言い換えることもできる。「機内映画」(in-flight movies)の案内は「機内誌」(in-flight magazine)に載っている。

映画は何時に始まりますか？

When does the movie start?

- It'll start in about thirty minutes.
  (約30分後から上映開始です)

> 映画は上映されるものが決まっているので、「その映画」the movieと表現する。「次の映画」は the next movie. と言う。

どのチャンネルですか？

Which channel?

- Channel one is in English and channel two is in Japanese.
  (チャンネルの1が英語で2が日本語です)

> 文末のis itやis the movieが省略された表現。文末を上げて質問する。

機内販売はありますか？

Any in-flight sales?

- We'll be selling duty-free items shortly.
  (免税品の販売をもう少ししたら開始します)

> 頭のDo you haveが省略された表現なので文末を上げて話す。「機内販売」はin-flight sales、「免税品」はduty-free items、「免税品販売」はduty-free sales

機内▼各種サービス

飛行機 ——————————————— [機内]

気分が悪いんです

- What's the matter with you?
  (どうなさいましたか？)
- **I feel sick.**

> 「飛行機酔い」ならI feel airsick.と伝える。「吐きそう」はI'm going to throw up.、「トイレに連れてって」はTake me to the lavatory.と言う。

薬をください

- I feel airsick.
  Some pills, please.
- I'll get you some right away.
  (すぐにお持ちします)

> 飛行機酔いの薬はpills for airsicknessと言う。

コラム3

機内アナウンスが早口で聞き取れない！

海外旅行中の飛行機の中で、機内アナウンスがあまりに早口で驚いたことはありませんか？ たとえば次のアナウンスを早口で言われたら全部聞き取れるでしょうか？

**We'll be experiencing
some turbulence shortly.
Please keep your seat belt fastened
at all times while you're seated.**

(この先少々揺れることが予想されます。
お座席にお座りの際は、常にシートベルトをお締めおきくださいませ)

重要なことを聞き逃したなと感じたら

**What did they say
in the announcement?**
(今アナウンスで何と言ったのですか？)

と近くの人に聞いて確かめましょう。

現地時間は何時ですか？

What's the local time?

- It's ten twenty-five a.m.
  （午前10時25分です）

「パリの現地時間は?」は、What's the local time in Paris? と尋ねる。「午前」はa.m.、「午後」はp.m.と言う。

今どこを飛んでいますか？

Where're we flying now?

- We're now flying over Yosemite National Park.
  （現在ヨセミテ国立公園の上空です）

Where'reはWhere areの略で実際の会話ではこのように省略することが多い。

予定の時間に着きますか？

Arrive on time?

- We will be delayed about thirty minutes.
  （30分くらい遅れるでしょう）

Are we arriving on time? がフルセンテンス。on timeはon scheduleでもよい。delayed（遅れている）は、behind schedule（予定より遅れている）でも同じ。

何時に着きますか？

When do we arrive?

- We'll be arriving at ten o'clock. It's a little ahead of schedule.
  （10時でしょう。予定より早めです）

What time are we arriving?とも言うことができる。ahead of scheduleは「予定より早い」こと。

入国審査の書類をください

Entry forms, please.

- Are you a resident of the United States?
  （アメリカ居住者ですか？）

formは「書類」のことで、immigration form（出入国カード）、customs declaration form（税関申告書）がある。

機内▼各種サービス／着陸

飛行機 ― [空港]

私のパスポートです

- Hello.
  (こんにちは)
- Hello.
  Here's my passport.

> ほかにMay I see your passport?「パスポートを見せてください」と言われたら、Here it is.「はい、これです」と応じる。

観光です

- What's the purpose of your visit?
  (滞在の目的は何ですか?)
- **Sightseeing.**

> 滞在の目的(purpose)を聞かれたら、Vacation.(休暇)、Honeymoon.(新婚旅行)、Business.(仕事)などと答える。

仕事です

- What's the purpose of your visit?
  (滞在の目的は何ですか?)
- **Business.**
  For a meeting.

> 仕事の場合は、For a meeting.(会議出席)のほかにBusiness with a trading company.(商社との商談)などと答える。

コンピュータ関連の仕事です

- What kind of business are you in?
  (どんな仕事ですか?)
- **I'm in the computer business.**

> What do you do?と聞かれることもあるので、I'm a computer engineer.「コンピュータのエンジニアです」などと答える。

1週間です

- How long are you staying?
  (滞在の期間は?)
- **One week.**

> How many days are you going to stay?と滞在の日数(期間)を聞かれたら、Eight days.「8日間です」のように答える。

荷物の受け取りはどこですか？

Where's the baggage area?

Go straight and make a right.
（まっすぐ行って、右に曲がってください）

baggage area [claim]は荷物受取所。make a rightは、make a right turn（右に曲がる）ことで、turn to the rightと同じ。make a leftは「左折」

どの荷物回転台ですか？

Which carousel?

It's carousel number 3.
（3番の荷物回転台です）

搭乗券の半券を見せながら聞くとよい。carousel（空港の荷物回転台）は重要な単語なのでぜひ覚えておきたい。

私の荷物が見つかりません

My baggage is missing.
Here's my claim tag.

Let me check on it for you.
（調べてみます）

「見つからない」はmissing（紛失している）と表す。claim tagは「荷物引き換え証」

このカートは使えますか？

Can I use this cart?

Go ahead.
（どうぞ）

This cart, OK?でもよい。Go ahead.はYes, sure.と同じような意味。

お金がかかりますか？

Is there a charge?

No, it's free.
（いいえ、無料です）

Is there a charge?はいろいろな状況で使えるので覚えておくと便利な表現。

空港▼入国審査

飛行機 ―[空港]

税関はどこですか？

Where's customs?

Just follow the CUSTOMS sign.
（CUSTOMSのサインに従って行ってください）

税関はcustomsと複数形で表すことに注意。follow the sign（サインに従って）はよく使われる表現。

申告するものはありません

Do you have anything to declare?
（申告するものはありますか？）

Nothing.

declare（申告する）は重要な単語。I have nothing to declare.がより正確な表現だが、Nothing to declare.や、またI have nothing.とも言える。

お酒を5本持っています

Do you have anything to declare?
（申告するものはありますか？）

I have five bottles of liquor.

申告するものがある場合は、I have three packs of cigarettes.「タバコを3箱持っています」などと具体的に伝える。

身の回りの品だけです

What are these?
（これらは何ですか？）

Only personal belongings.

personal belongings [items]（身の回りの品）という表現は覚えておきたい。「私個人が使うものです」はIt's for my private use.

プレゼントです

They are gifts.

What's their value?
（値段はいくらですか？）

No commercial value.

「プレゼントの品」はgiftsと言う。持ち物の値段を聞かれたら、No commercial value.「商品価値はありません」などと答える。

42

現金を1000ドル持っています

How much money do you have?
(所持金はいくらありますか？)

A thousand dollars in cash.

ほかにTwo thousand dollars in traveler's checks.「トラベラーズチェックを2000ドル持っています」などと答える。

乗り継ぎカウンターはどちら？

Where's the connecting counter?

It's on the second floor.
(2階です)

How do I get to the connecting counter?とも言える。「乗り継ぎカウンター」はconnecting counterと言う。

乗り継ぎ客です

I'm in transit.
Transit to New York.

Please go over to counter 70.
(70番カウンターへどうぞ)

transit（乗り継ぎ）は重要な単語。Transit to New York.で「ニューヨークまでの乗り継ぎ」

出発は何時ですか？

When's the departure time?

We're scheduled to leave at 2:45.
(2時45分に出発の予定です)

departureは「出発」。What's the time of departure?とも言える。「出発予定」scheduled to leaveは、よく使われるので覚えておきたい表現。

搭乗口は何番ですか？

What gate number?

It's gate 80.
(80番ゲートです)

「80番ゲートはどこですか？」と聞くときは、Where's gate 80?と言う。

飛行機 ―――――――――――― [空港]

荷物はロスまで流れますか？

📢 Baggage through to Los Angeles?

Is the baggage going through to Los Angeles? がより正確な表現。語尾を上げて話す。ここではthroughが重要な単語。

😊 No, you have to pick it up here.
（いいえ、ここで荷物をお取りください）

ロスまで流してください

📢 Through to Los Angeles, please.

荷物を見せてこのように頼む。proceed toで「〜へ進む」

😊 Proceed to gate 70, please.
（では70番ゲートにお進みください）

コラム4

パスポートは命の次に大切な必需品

パスポートは通行証としてだけでなく、身分証明書としても海外滞在中次のような場面で提示を求められますので、いつも大切に身につけていたいものです。

- ●出国時
- ●入国時
- ●飛行機の搭乗
- ●国内線乗り換え
- ●ホテルのチェックイン
- ●ホテルの部屋からの締め出し
- ●トラベラーズチェックでの買い物
- ●税金の払い戻し手続き

May I see your passport?（パスポートを拝見できますか？）
Do you have any ID?（何か身分証明書はお持ちですか？）
May I see some ID?（何か身分証明書を拝見できますか？）
May I see some ID with a photo?
　　　　　　　（何か写真つきの身分証明書を拝見できますか？）

このように尋ねられたら、あわてず次のどちらかを言いながらパスポートを渡します。

Here you are.
Here it is.
（はい、これです）

デルタ航空の窓口はどちら？

Where's the Delta counter?

It's over there, ma'am.
（あちらでございます）

How do I get to the Delta counter?と聞いてもよい。

ここで搭乗手続きができますか？

Can I check in here?

Yes, ma'am.
May I see your ticket, please?
（航空券を拝見いたします）

「今搭乗手続きができますか？」はCan I check in now?と聞く。

どこで両替できますか？

Where can I exchange money?

Right here, ma'am.
（こちらでできます）

「お金を両替」するは exchange moneyと言う。

ドルに替えてください

Exchange to dollars, please.

All right. May I see your passport?
（では、パスポートを見せてください）

「円をドルに替えてください」は、Exchange yen to dollars, please. と言う。

案内所はどこですか？

Where's information?

It's just outside that door.
（そのドアの外です）

Where's the tourist information?がフルセンテンス。

飛行機 ―[空港]

市内には何で行くのですか？

How do I get downtown?

You can take a bus or a taxi.
（バスかタクシーを使ってください）

> downtownにはaやtheといった冠詞はつかない。また、get to downtownとtoをつけるのは誤り。

バスではいくらかかりますか？

How much by bus?

It's seven dollars.
（7ドルです）

> How much is it by bus? がフルセンテンス。

タクシーではおいくらですか？

How much by taxi?

It's probably at least thirty five dollars.
（最低でも35ドルくらいでしょう）

> How much is it by taxi? がフルセンテンス。タクシーは都市によっては空港から市内まで「固定料金」(fixed rate) の場合がある。

ポーターをお願いします

Porter, please.

Yes, ma'am.
（かしこまりました）

> ポーターが近づいてきたとき「ポーターはいりません」と言う場合は、No porter, thank you. と伝える。

この荷物を運んでください

Carry this, please.

Do you want a taxi?
（タクシーに乗るんですか？）

Yes.

> To the taxi stand, please. と言ってもよい。ポーターは荷物をどこに運べばよいかを知りたいもの。

バス停までお願いします

To the bus station, please.

Yes, ma'am.
(かしこまりました)

Carry this to the bus station, please.がフルセンテンス。

私が持ちます

What about your bag?
(あなたのバックはどうしますか?)

I'll carry this.

「そのバッグも持ちましょう」Shall I take that bag, too?と声をかけられることも。

空港▼荷物の運搬

コラム5

電話で支払いをカードにつけるときの表現

ホテルの部屋の予約、航空券の予約、劇場チケットの予約などを電話ですると

How would you like to pay?
(お支払いはどのようになさいますか?)

と尋ねられます。クレジットカードで支払いたい場合は、こう言います。

Charge it to my VISA, please.
(私のビザカードにつけてください)

Put it on my credit card, please. It's MasterCard.
(私のクレジットカードにつけてください。マスターカードです)

カード番号と有効期限は必ず聞かれますので、
以下のようにスムーズに言えるよう練習しておきましょう。

会話例

What's the number? (カード番号は?)
It's 3214-5526...
And the expiration date? (有効期限は?)
April, 2006.

旅の単語集 ①

飛 行 機

案内	information
遺失物取扱所	lost and found
ウイング	wing
遅れる	delay
カート	cart
カウンター（航空会社の）	airline counter
確認をする（予約の）	confirm
為替相場	exchange rate
観光	sightseeing
機内アナウンス	announcement
機内映画	in-flight movie
機内乗務員	flight attendant
機内販売	in-flight sale
機内持ち込みの手荷物	carry-on baggage
キャンセルする	cancel
キャンセル料	cancelled charge
救命胴衣	life vest
空港	airport
現地時間	local time
航空運賃	air fare
公衆電話	pay phone
国際線	international flight
国籍	nationality
国内線	domestic flight
再確認をする（予約の）	reconfirm
座席	seat
酸素マスク	oxygen mask
シートベルト	seat belt
時刻表	timetable
出入国記録カード	E/D card
出発	departure
出発時間	departure time
乗客	passenger
職業	occupation
食事のサービス	meal service
申告する	declare
スケジュール通りに	on time
頭上の送風装置	ventilation
頭上の荷物入れ	overhead bin
税関	customs
税関申告書	customs declaration form
接続便	connecting flight
チェックインカウンター	check-in counter
チェックインする	check in
着陸	land
直行の	direct
通過	transit
通路側の席	aisle seat
翼	wing
手荷物	baggage
手荷物受取所	baggage claim area
手荷物検査	security check
トイレ	lavatory
トイレ使用中/空き	occupied/vacant
搭乗券	boarding pass
搭乗時刻	boarding time
到着	arrival
到着時間	arrival time
読書灯	reading light
入国審査	immigration
乗り換え	transfer
乗り継ぎバス	transit pass
乗り物酔い用の袋	airsickness bag
パスポート	passport
飛行機	airplane
ビザ	visa
非常口	emergency exit
プレゼント	gift
ベルト着用（のサイン）	Fasten seat belt
ポーター	porter/sky cap
ホテルの送迎バス	hotel bus
窓側の席	window seat
身の回りのもの	personal belongings
身分証明書	identification (ID)
毛布	blanket
目的（旅行の）	purpose of travel
リクライニングシート	reclining seat
リムジン	limousine
両替所	foreign exchange
離陸	take off
連続往復便	shuttle
割引航空券	discount ticket

686 Phrases for Travel Abroad

3

交通機関

第 3 章

Getting Around

タクシー

バス

電車

レンタカー

飛行機

交通機関 ―――― [タクシー]

タクシー乗り場はどこですか？

Where's the taxi stand?

😊 Go through that door and to your right.
（あのドアを通って右側です）

> a taxi standでもよいが、たいてい近くにある特定のタクシー乗り場を尋ねるのでthe taxi standと言う。to your rightは「あなたの右側に」

どこでタクシーが拾えますか？

Where can I get a taxi?

😊 Just around the corner.
（あの角を曲がったところで）

> You can get one in front of that hotel. 「あのホテルの前で拾えます」などの答えが返ってくる。

ここにタクシーが来ますか？

Do taxis come here?

😊 I'm afraid not.
（いいえ、来ません）

> I'm afraidは「残念ですが」の意味。You have to find a taxi stand. 「タクシー乗り場を探してください」などの答えが返ってくる。

10時にタクシーを呼んでください

Taxi at ten, please.

😊 All right, ma'am.
（わかりました）

> 文頭のCall aが省略された形。Could you call a ...?と言うとていねいな表現になる。atは「～時に」の意味。

20分後にタクシーをお願い

Taxi in twenty minutes, please.

😊 Certainly.
（承知しました）

> 文頭のCall aが省略された形。Could you call a ...?と言うとていねいな表現になる。inは「（時間が）経ったら」の意味。

リムジンを頼みます

Limo, please.

Right away, ma'am.
(ただちに)

> limoはホテル専属の送迎用のシャトルを指す。limousine（横長のデラックスカー）を省略した言葉。

乗ってもいいですか？

Can I get in?

Sure.
(いいですよ)

> 「われわれが乗ってもいいですか？」と言いたいときは、Can we get in?と尋ねる。

5人でもいいですか？

Five of us, OK?

No problem.
(問題ありません)

> 文頭のIs...が省略された形なので、語尾を上げて話す。Is five of us all right?とも言うことができる。

荷物をトランクに入れてください

Baggage in the trunk, please.

All right, ma'am.
(かしこまりました)

> 文頭のPut my...が省略された形。

グランドホテルまでお願いします

Where to, ma'am?
(どちらまでですか？)

Grand Hotel, please.

> Where to?は「どちらまで行きますか？」と尋ねるときの運転手の決まり文句。行きたい場所がはっきりしているなら、あとにpleaseをつけて言うだけでよい。

タクシー

交通機関 ―――― [タクシー]

ここまで行ってください

- Where to, ladies?
  (どちらまでですか？)

Take us here, please.

> 地図や住所を持っているときは、運転手に見せるのがよい。1人で乗車した場合は、地図を指しながらTake me here.と言う。

空港へお願いします

Airport, please.

- Which airline?
  (どの航空会社ですか？)

> 文頭のTo the...が省略された形。タクシーで空港までと頼んだとき、必ず聞かれる質問なのでJapan Airlinesなどと航空会社の名称を伝える。

何分くらいかかりますか？

How many minutes?

- About thirty minutes.
  (30分くらいです)

> 文末にwill it take to the airportが省略された形。How many minutes to the airport?と言うこともできる。

いくらくらいかかりますか？

How much?

- About twenty dollars.
  (20ドルくらいです)

> 文末にis it to the airportが省略された形。How much to the airport?と言うこともできる。

10時までに着きたいのですが

Get there by ten, please.

- No problem.
  (大丈夫ですよ)

> by＋時間で「～時までに」という意味。

急いでください

- I don't have time. **Hurry, please.**
- You bet.
(わかりました)

> I don't have time.は「時間がありません」。You bet.は「お金をかけるほど確か」であることから「もちろん」や「わかりました」の意味を表す。

2箇所に止まってください

- **Can you make two stops?**
- OK, you got it.
(はい、わかりました)

> make two stops(2箇所に止まる)は重要な表現。You got it.は相手の要求を受け入れるとき使われる表現。

彼はビッグホテルで降ろして

- **Drop him off at the Big Hotel.**
- All right.
(わかりました)

> drop offは重要な表現。複数でタクシーを利用しているとき、予定によってはHe'll get off here.「彼はここで降ります」と伝えるとよい。

私はグランドホテルまでお願い

- **Take me to the Grand Hotel.**
- OK, next is the Grand Hotel.
(はい、次がグランドホテルです)

> I'll get off at...「~で降ります」とも言い換えることができる。

ここで少し止まってください

- **Can you make a short stop here?**
- Sure.
(はい)

> Can you stop here for a minute?とも言うことができる。

タクシー

交通機関 ―――― [タクシー]

10分待っていてください

Wait ten minutes, please.

All right, ma'am.
(かしこまりました)

> 戻る時間がはっきりわからないときは、「すぐに戻ります」I'll be back soon.、「あまり時間はかかりません」It won't take long. などと言うこともできる。

1時間後にここに来てください

Come here in an hour, please.

Sure.
(必ず来ます)

> come hereはpick me up hereとも言い換えられる。in an hourは「1時間経ったら」の意味。I'll get off here.と言えば、「ここで降ります」となる。

ここで結構です

Here's fine.

Thank you.
(ありがとうございます)

> Stop here, please.「ここで止めてください」とも言うことができる。

はい料金です

Stop here, please.
Here's the fare.

Thank you very much, ma'am.
(どうもありがとうございます)

> 料金を渡しながら言う。Here it is.「はい、これです」と言ってもよい。

お釣りは取っておいてください

Keep the change.

Oh, thank you very much.
(どうもありがとうございます)

> 料金にチップを合わせて払うときの決まり文句。
> 料金とは別にチップをあげる場合には、Here's (something) for you.「これはチップです」と言う。

3ドル戻してください

- It's ten twenty-five.
  (10ドル25セントです)
- Here's fifteen.
  Give me three back.

Here's fifteen.「15ドルです」と言って、Three dollars back, please.などと戻してほしい金額を言うこともできる。さもないとすべてチップと思われる。

それは請求しすぎです

- It's twenty-five dollars and fifty cents.
  (25ドル50セントです)
- **You're overcharging me.**

overcharge（請求のしすぎ）は重要な表現。料金以外に、Your baggage charge is included.「荷物の料金も含まれています」といわれる場合もある。

コラム6

タクシーに乗って2カ所に止めてもらうには

タクシーに数人で乗っていて、途中で誰かが降りたい場合には運転手にこう伝えるとよいでしょう。

Make two stops, please.
(2カ所に止まってください)

**One at the Big Hotel,
another at the Grand Hotel.**
(1カ所はビッグホテルで。もう1カ所はグランドホテルで)

もっとかっこよく言いたい人のために、フルセンテンスでの伝え方を示しておきます。

**Make two stops, please.
Drop him off at the Big Hotel.
Take me to the Grand Hotel, please.**
(2カ所に止まってください。彼をビッグホテルで降ろしてください。
私はグランドホテルまでお願いします)

交通機関 ——————————— [バス]

バス停はどこですか？

Where's the bus stop?

- It's right over there.
  （ちょうどあそこです）

> theがついているのは、近くの特定のバス停を指して尋ねているため。バス発着所はbus depotまたはbus stationと言う。

市内行きのバスはどこですか？

Where's a bus to downtown?

- It's across the street.
  （その道路を渡ったところです）

> downtown（市内）に冠詞theはつけない。

最初に切符を買うのですか？

Do I buy a ticket first?

- No, just pay the driver.
  （いいえ、運転手に払ってください）

> Yes, there's the ticket office over there.「はい、乗車券売り場があそこにあります」という答えも考えられる。

料金はいくらですか？

What's the fare?

- It's seven dollars.
  （7ドルです）

> How much?と聞くだけでも十分。乗り物の料金はfare、手数料や使用料などはchargeを使う。

市内まで時間はどのくらいですか？

How long to get downtown?

- Takes about thirty minutes.
  （30分くらいです）

> How long does it take to get downtown?を省略した表現なので、語尾を上げて話す。答えの文は、頭のIt...が省略された形。

56

市内行きは何番ルートですか？

What route for downtown?

- It's route number 7.
（7番ルートです）

バスの系統番号を尋ねるときに使う表現。What route should I take for downtown?がフルセンテンス。

市内行きのバスで正しいですか？

The right bus for downtown?

- Yes, it is.
（はいそうです）

バスを指さしながら尋ねるとよい。文頭のIs this...が省略されている形。for downtownは、to...とも言える。Go downtown?と語尾を上げて聞いてもよい。

グランドホテルに止まりますか？

Stop at the Grand Hotel?

- Yes, the Grand and the Big.
（はい、グランドとビッグに）

文頭にDo you...またはAre you going to...が省略されている表現。ホテル名にはtheをつける。「市庁に止まりますか？」は、Does it stop at city hall?と聞く。

空港はいくつめの停留所ですか？

How many stops to the airport?

- It's the third stop.
（3番目の停留所です）

「停留所」はstopと言う。How many stops are there to the airport?と言うのがフルセンテンス。

市庁へはどこで降りるのですか？

Where do I get off for city hall?

- I'll let you know when we get there.
（着いたら教えてあげます）

こうした返答はよく聞かれる。Please let me know when we get there.「そこに着いたら教えてください」とこちらから言ってもよい。

交通機関 ──────[バス]

どこで乗り換えますか？

- You have to transfer to another bus.
  (別のバスに乗り換えてください)

Where do I transfer?

「乗り換え切符」は、transfer ticketと言う。

バスを乗り違えました

I took the wrong bus.

- Oh, then get off here.
  (それならここで降りて)

「間違ったバス」は、the wrong busとtheをつける。「間違った番号」はthe wrong numberと言う。

乗り過ごしました

I missed my stop.
Can I get off here?

- OK, I'll let you off here.
  (じゃあ降ろしてあげましょう)

my stopは「自分が降りる停留所」。「ここで降りられますか？」は、Can I get off here?と尋ねる。

バス発着所はどこですか？

Where's the bus depot?

- See the big building over there?
  (あそこに見える大きなビルですよ)

長距離バスなどの発着所はbus depotという。See...は、Do you see...の省略形で、「～が見えますか？」の意味。

乗車券売り場はどこですか？

Where's the ticket office?

- It's at the other end.
  (ここと反対側の端です)

ほかにWhere can I buy tickets?と聞くこともできる。

ラスベガス行きをください

Las Vegas, please.
- How many?
  （何枚ですか？）

「ラスベガスまで2枚」は Two tickets for Las Vegas, please.と言う。

料金はいくらですか？

How much?
- It's fifty dollars per person.
  （1人50ドルです）

How much is the fare?がフルセンテンス。

次のロス行きは何時ですか？

When's the next bus for Los Angeles?
- It leaves twelve noon sharp.
  （お昼の12時きっかりです）

What time does the next bus for Los Angeles leave?を簡潔に省略した表現。ここでのsharpは「きっかり」という意味。

ロスまではどれくらいかかりますか？

How long to Los Angeles?
- It takes about five hours.
  （5時間くらいかかります）

How long does it take to Los Angeles?を省略した表現。

ロス行きはどのゲートからですか？

Which gate for Los Angeles?
- It's gate number 6.
  （6番ゲートです）

Which gate does the bus for Los Angeles leave from?がフルセンテンス。

バス

交通機関 ―――――――― [電車]

地下鉄の駅はどこですか？

- Can I help you?
  (何でしょうか？)
- **Where's the subway station?**

How do I get to the subway station?とも聞ける。「地下鉄の駅はこの辺にありますか？」と尋ねるときは、Is there a subway station nearby?と言う。

地下鉄の路線地図をください

- **Subway map, please.**
- Here you are.
  (これです)

Could I have a subway route map?はていねいに言うときの表現。

各停ですか、急行ですか？

- **Is this local or express?**
- It's local.
  (各停です)

「各停に乗りたい」と言うときは、I want to take a local train.

バークレイに止まりますか？

- **Does this stop at Berkeley?**
- Yes, it does.
  (はい、止まります)

「バークレイで降りたい」と言うときは、I want to get off at Berkeley.となる。

乗り換え切符をください

- **Transfer, please.**
- Here you are. Don't lose it.
  (はい、なくさないように)

Could I have a transfer ticket?は、ていねいに言うときの表現。

電車の駅はどこですか？

Where's the train station?

- It's over there where the crowd is.
(あそこの人が集まっているところです)

How do I get to the train station?と聞くこともできる。「近くに電車の駅はありますか？」は、Is there a train station nearby?と聞く。

切符はどこで買えますか？

Where can I buy tickets?

- Next window, please.
(次の窓口です)

Where's the ticket office?と聞くこともできる。

時刻表はありますか？

Do you have a timetable?

- Here you are.
(はい、これです)

「時刻表を見せてもらえますか？」と頼むときはCan I see a timetable?と言う。

片道切符をください

One-way, please.

- Here, five dollars.
(はい、5ドルです)

行き先が駅員にも伝わっている場合は、こう簡潔に言う。「シカゴまで片道1枚ください」はOne-way to Chicago, please.と言う。

往復切符をください

Round trip, please.

- That'll be nine fifty.
(9ドル50セントです)

「シカゴまで往復切符を2枚ください」はTwo round trip tickets to Chicago, please.と言う。

電車

交通機関　　　　　　　　　　　［電車］

2等をください

😊 First class or second class?
（1等ですか、2等ですか？）

🔴 **Second class, please.**

> 「シカゴまで1等の切符を2枚ください」はTwo first class tickets to Chicago, please.と言う。

列車の座席を予約したいのですが

🔴 **Can I reserve a seat on this train?**

😊 Let me see if one's available.
（空いているかどうか調べます）

> Can I...をI'd like to...に言い換えると、ていねいな表現になる。答えのoneはseatのこと。

シカゴ行きは何番線ですか？

🔴 **Which track for Chicago?**

😊 It's number five.
（5番線です）

> Which line...（どの線）、Which platform...（どのプラットフォーム）などと質問することもできる。

シカゴ行きのフォームですか？

🔴 **Right platform for Chicago?**

😊 No, it's platform five.
（いいえ、それは5番のフォームです）

> 文頭にIs this the...が省略された表現なので、語尾を上げて話す。

この列車はシカゴ行きですか？

🔴 **Is this train for Chicago?**

😊 Yes, it is.
（はい、そうです）

> Is this for Chicago?やRight train for Chicago?と簡潔に尋ねることもできる。

この座席の車両はどれですか？

Which carriage?

- It's the next one.
(それは次です)

> 文末に...is itが省略された表現で、切符を見せながらこう尋ねる。carriageはイギリス語で米語ではcar。

この車両は2等ですか？

Is this second class?

- Yes, it is.
(はい、そうです)

>「この車両は1等ですか？」はIs this first class?と聞く。

エアコン付きですか？

Is this air-conditioned?

- No, it isn't, ma'am.
(いいえ、違います)

>「寝台席はありますか？」はDoes it have sleeper seats?、席の「上段」はthe upper berthで、「下段」はthe lower berthと言う。

窓を開けてもいいですか？

Do you mind if I open the window?

- Go ahead.
(どうぞ)

>「寒いので開けないで」I'm cold, so please don't open it.と言われるかも。

切符を落としました

- May I see your ticket, please.
(切符を見せてください)

Oh, I dropped my ticket!

> ticket for...と言えば「〜までの切符」という意味になる。

電車

交通機関 ——[レンタカー]

車を借りたいのですが

Rent a car, please.

What kind of car would like?
(どのような車がよろしいですか？)

> 文頭のI'd like to...が省略された形。

レンタカーリストを見せて

Your rent-a-car list, please.

Here you are, ma'am.
(はい、これです)

> 文頭のCan I see...が省略された形。What cars are available?「どんな車が利用できますか？」とも言える。rent-a-car（レンタカー）は名詞。

中型車をお願いします

A middle size car, please.

These are the middle size cars.
(これらが中型車です)

> 小型車ならa small size carと言う。4ドアならそのあとにwith four doorsとつける。

これを借りたいのですが

I want to rent this one.

All right, ma'am.
(かしこまりました)

> This one, please.と簡潔に言うこともできる。

私の国際免許証です

Here's my international license.

OK, and your passport, please.
(はい、それからパスポートをください)

> ともに必要な2つなので、Here's my international license and passport.と言いながら両方渡してもよい。

はい、これです

● Do you have a credit card?
（クレジットカードはお持ちですか？）

Yes, here you are.

> Here it is.とも言える。身分証など何かの提示を求められたときに応じる表現。

5日間です

● How long are you going to be needing it?
（どれくらいドライブする予定ですか？）

For five days.

> Forは省略することができる。

すべての保険に入りたいのですが

● Do you need insurance?
（保険はどうなさいますか？）

I'd like to be fully covered.

> coveredは「保険でカバーされる」こと。

料金はいくらですか？

What's the rate?

● It's thirty dollars a day.
（30ドルです）

> 文末に、per week（1週間あたりの）などをつけて尋ねる。「ガソリン代は含まれていますか」はIs gas charge included?と言う。

走行距離は無制限ですか？

Is the mileage free?

● Yes, it is.
（はい、そうです）

> 走行距離はmileageと言う。

レンタカー

交通機関 ―――[レンタカー]

ロスで乗り捨てたいのですが

I'd like to drop off the car in Los Angeles.

drop offは「乗り捨てる」の意味。drop off chargeは「乗り捨て料金」の意味。

- There will be a drop off charge.
（乗り捨て料金がかかりますが）

すべてカードにつけてください

Just put everything on my card.

手続きが済むと、The key's inside the car.「キーは車の中にあります」などと言われる。あとは車に乗るだけ。

- All right, ma'am. Just sign here.
（わかりました。ここにサインしてください）

66号線にはどう行くのですか？

How do I get on Route 66?

I want to take Route 66.と言うこともできる。

- Turn right at the next intersection.
（次の交差点で右に曲がってください）

国立公園にはどう行きますか？

How do I get to the national park?

freewayは「高速道路」

- Take this freeway.
（このフリーウェイを行きます）

ここに駐車してもいいですか？

Can I park here?

Where can I park?「どこに駐車できますか？」と聞いてもよい。parking lotは「駐車場」。

- Not here. There's a parking lot over there.
（駄目です。あちらに駐車場があります）

近くにガソリンスタンドは？

Is there a gas station nearby?

「ガソリン」はgasで通じる。

- It's about five miles from here.
（5マイルくらい先にあります）

先払いですか、後払いですか？

Pay now or later?

文頭のDo I...が省略されている形。Please pay first and fill your tank.「先に払って、タンクに入れてください」などと言われる。

- You pay first.
（先払いです）

15ドル分ガソリンを入れます

Fifteen dollars of gas, please.

セルフサービスのスタンドで、キャッシャーで先払いするときに使う表現。

- That's number 7, isn't it?
（7番のガソリンポンプですね）

満タンにしてください

Fill it up, please.

フルサービスでガソリンを入れてもらうときに使う表現。男性ドライバーなら車を女性に見立ててFill her up, please.と言うことも多い。

- All right, ma'am.
（かしこまりました）

オイルを点検してください

- Anything else, ma'am?
（ほかに何か？）

Check the oil, please.

「すべてを点検してください」はCheck everything, please.と言う。

交通機関 ——————————— [飛行機]

飛行機の予約をしたいのですが

I'd like to reserve a flight.

希望の日にちはMay, the first（5月1日）のように正確に伝える。

- Yes. What day?
  （はい、何日でしょうか？）

May, the first.

JAL1便でリオから成田までです

It's JAL one from Rio to Narita.

便名、出発地、到着地を伝えること。

- Could I have your name, please?
  （お名前をおっしゃってください）

カードにつけてください

- How would you like to pay?
  （お支払いはどのようにしますか？）

Charge it to my card, please.

I'll pay by credit card.「カードで払います」と言うこともできる。Do you take [accept] VISA?「ビザは使えますか？」などと聞くこともできる。

そのまま待っていてください

- Your card number and expiration date, please?
  （カードの番号と有効期限をお願いします）

OK, hold on, please.

電話で予約をする場合は、カードの情報を尋ねられることが多いので、スムーズに言えるようにしておきたい。expiration dateは「期限が切れる日」のこと。

予約を再確認したいのですが

I'd like to reconfirm my flight.

「再確認してくれますか」と頼む場合はReconfirm for me, please.と言う。「再確認されましたか？」と確かめる場合は、Is it reconfirmed?となる。

- When's your flight?
  （いつの便ですか？）

CD 28

金曜日です

It's Friday.
It's JAL.

Your name, please.
(お名前をお願いします)

> What's your first initial?「お名前のイニシャルは何でしょうか?」とよく尋ねられるので、KeikoならKと言う。

友だちも一緒なんですが

I'm traveling with a friend.
Her name is Tanaka, initial S.

> 友だちの分もリコンファームしたいときに使える表現。姓名は名字(Tanaka)を先に言い、続いて名前のイニシャル(initial S)を言う。

予約を変更したいのですが

Change my flight, please.

How would you like to change it?
(どのように変更なさいますか?)

> 文頭にI'd like to...をつけると、ていねいな表現になる。

5月3日に変更したいのですが

I'm booked on JAL on May, the first. **Change it to May, the third, please.**

> I'm booked on...は「〜を予約している」

また通路側がいいのですが

I'd like an aisle seat again.

Only window seats are open.
(窓側しか空いておりません)

> 「景色が見える席がいいんです」は、I'd like a seat with a view.と言う。

飛行機▼予約

69

交通機関 ────[飛行機]

アメリカ航空の窓口はどちら？

Where's the American Airlines counter?

It's over there, ma'am.
（あちらでございます）

同様にHow do I get to the American Airlines counter?と聞くこともできる。

搭乗手続きをしたいのですが

I'd like to check in.

May I see your ticket, please?
（航空券を拝見いたします）

「どこでチェックインできますか？」は、Where can I check in?と尋ねる。

ここで搭乗手続きができますか？

Can I check in here?

Yes, ma'am. Your ticket, please?
（はい、航空券をどうぞ）

「今搭乗手続きができますか？」は、Can I check in now?と尋ねる。

荷物は2つです

Do you have baggage to check in?
（搭乗手続きをする荷物はありますか？）

Two bags, please.

Two pieces of baggage.と言うより正確だが、Two bags.でも十分伝わる。

窓側の席にしてください

What kind of seat would you like?
（どのお席がよろしいでしょうか？）

Window, please.

「通路側の席にしてください」はAisle, please.と言う。

禁煙席にしてください

- Smoking or non-smoking?
  (喫煙席ですか、禁煙席ですか？)
- **Non-smoking, please.**

今では、ほとんどがnon-smoking flight（禁煙便）になっている。

定刻に出発しますか？

- **Is the flight on time?**
- I think we'll be delayed about thirty minutes.
  (30分くらい遅れるでしょう)

on timeはon scheduleとも言い換えられる。

出発は何時ですか？

- **When's the departure time?**
- We're scheduled to leave at 2:45.
  (2時45分に出発の予定です)

What's the time of departure?とも聞ける。「出発」はdeparture

搭乗ゲートは何番ですか？

- **What gate number?**
- It's gate 80.
  (80番ゲートです)

Which boarding gate?と聞くこともできる。「80番ゲートはどこですか?」は、Where's gate 80?と言う。

搭乗開始時間はいつですか？

- **When's boarding time?**
- It's two twenty-five.
  (2時25分からです)

またWhen do you start boarding?と聞くこともできる。

交通機関 ――― [飛行機]

機内食は出ますか？

Are meals served?

- Just snacks.
  (軽食がでます)

文末に…in the planeが省略された形。「軽食」はsnackまたはlight mealと言う。

これは機内に持ち込めますか？

Can I bring this in?

- Yes, you can.
  (いいですよ)

飲食物などを手に持っている場合に尋ねる表現。

乗り継ぎの窓口はどこですか？

Where's the connecting counter?

- It's on the third floor.
  (3階です)

「乗り継ぎカウンター」はconnecting counterと言う。How do I get to…とも言える。

パリまでの乗り継ぎ便に乗ります

I have a connecting flight to Paris.

- Please go over to counter 80.
  (80番カウンターへどうぞ)

connecting flight（乗り継ぎ便）は重要な表現。

ニューヨークまでの通過です

I'm in transit to New York.

- Please go over to counter 70.
  (70番カウンターへどうぞ)

transit（通過）は重要な表現。

荷物はボストンまで流れますか？

Baggage through to Boston?

- Yes, our staff will take care of it.
  (はい、係員が積み替えます)

through（流れる）はここでの重要な表現。Is the baggage going through to Boston?がフルセンテンス。

ボストンまで流してください

Through to Boston, please.

- All right, ma'am.
  (かしこまりました)

荷物を見せながら、こう依頼する。Could you put my baggage through to Boston, please?は、ていねいに言いたいときの表現。

デルタ航空の窓口はどこですか？

Where's the Delta counter?

- It's over there, ma'am.
  (あちらでございます)

How do I get to the Delta counter?と聞くこともできる。

飛行機に乗り遅れました

I missed my plane.

- Don't worry. There will be another flight soon.
  (心配ありません。次の便がありますから)

「乗り遅れた」はmissedを使う。

次の便に乗れますか？

- Sorry, we're overbooked for this flight.
  (その便はオーバーブッキングです)

Can I get the next flight?

Can I get a seat on the next flight?「次の便の座席が取れますか？」と聞くこともできる。

飛行機▼搭乗／乗り継ぎ

旅の単語集 ②

交通機関

入口	entrance
運賃	fare
運転手	driver
駅	station
往復切符	round-trip ticket
お釣り	change
降りる	get off
カーテン	curtains
改札口	ticket gate
ガス欠	out of gas
ガソリン	gas
ガソリンスタンド	gas [filling] station
片道切符	one-way ticket
切符	ticket
切符売り場	ticket office
急行列車	express
禁煙席	non-smoking seat
車	car
高速道路	high way
国際免許証	international license
故障した	out of order
市街地図	street map
時刻表	timetable
車掌	conductor
車両	carriage/car
渋滞	traffic jam
終点	terminal
終電	the last train
出発時間	departure time
乗客	passenger
背もたれ	seat back
タクシー	taxi
地下鉄	subway/tube
出口	exit
道路地図	road map
乗り換える	transfer
乗り越し	miss one's station
バス	bus
バス停	bus stop
バス停（長距離）	bus depot
普通列車	local train
保険	insurance
リムジン	limousine
レンタカー	rent-a-car
路線図	subway map

道を尋ねる

歩いて	on foot
歩く	walk
行き方	get to…
行く	go
横断歩道	crosswalk
北	north
区間	block
交差点	intersection
信号	signal
近く	nearby/near here
近道	shortcut
次の	next
遠く	far from
通り	street
西	west
東	east
左	left
方向	direction
曲がる	turn to/take
まっすぐ	straight
右	right
南	south
目印	landmark
渡って	across
～のあたりに	around…
～の手前	before…
～の前	in front of…
～の真向かい	across from…

686 Phrases for Travel Abroad

4

ホテル

第 4 章

At the Hotel

予約

チェックイン

ルームサービス

フロントサービス

郵便

電話

トラブル

エレベータ

チェックアウト

ホテル —————[予約]

今晩泊まれる部屋はありますか？

Any vacancies tonight?

I'm sorry, but the hotel is all booked up.
(申しわけありません。予約でいっぱいです)

文頭のAre there...が省略された形。vacanciesは「空いている部屋」、bookedは「予約済み」の意味。

シングルの部屋をお願いします

What kind of room would you like?
(どんな部屋をご希望でしょうか？)

A single, please.

部屋が空いている場合は、どんな部屋がよいか希望を尋ねられる。a twin（ツイン）とa double（ダブル）を覚えておきたい。

2泊したいのですが

Two nights, please.

All right, ma'am.
(かしこまりました)

one night, two nightsのように泊まりたい日数を伝えること。

部屋の料金はいくらですか？

What's the rate?

It's one hundred twenty dollars per night.
(1泊120ドルです)

料金はrateと言う。per nightは「1泊について」の意味。

もっと安い部屋はありませんか？

Isn't there anything cheaper?

I'm afraid we don't have any cheaper rooms available.
(残念ながらこれより安い部屋はございません)

「もっとよい部屋はありませんか？」と聞くときは、Any better rooms?と言う。

朝食はついていますか？

With breakfast?

No, breakfast is not included.
(いいえ、朝食は含まれていません)

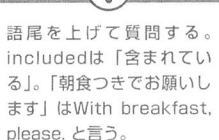

> 語尾を上げて質問する。includedは「含まれている」。「朝食つきでお願いします」はWith breakfast, please. と言う。

その部屋にします

I'll take it.

Put your name and address here, please.
(お名前とご住所をご記入ください)

> 「それにします」と決定するときの決まり文句。宿泊が決まったら、宿泊カードへの記入をこのように促される。

コラム 7

チップをスマートに渡すために

タクシーを降りるとき、食後の支払いのとき、特別なサービスを頼んだときなどに、海外ではチップを渡す習慣になっています。

タクシーを降りるときなどに料金とチップとを一緒に渡す場合には、次のような決まった表現があります。

Keep the change.
(お釣りは取っておいてください)

親切にしてくれた人に、特別にチップをあげたい場合は、こう言って渡します。

This is for you.
(これはあなたにです)

レストランでは、去りぎわにウエイトレスやウエイターに次のように伝えてもいいでしょう。

I've left the tip on the table.
(テーブルにチップを置きました)

クレジットカードで料金を支払う場合は、伝票にチップの額を書き入れて、次のように言います。

I wrote the tip here.
(ここにチップを書きました)

予約

ホテル —————————[予約]

カードで支払います

- How would you like to pay?
（お支払いはどのようになさいますか？）

By credit card, please.

このように支払いの方法を聞かれたら、ほかにcash（現金）、traveler's checks（トラベラーズチェック）などと答える。

予約の変更をしたいのですが

Change my reservation, please.

文頭にI'd like to...をつけると、ていねいな表現になる。

- May I have your name, please?
（お名前をいただけますか？）

1日早くチェックアウトします

I'm leaving one day earlier.

またI'd like to check out one day earlier.と言うこともできる。

- What's your room number?
（お部屋の番号は何番ですか？）

滞在をもう1日延ばせますか？

Is one more night OK?

「滞在を2日延ばしたいのですが」はTwo days longer, please.と言う。

- I'm sorry there's no room available.
（申しわけありませんが、空き部屋がございません）

部屋を2時間延長できますか？

Two more hours OK?

Can I stay two hours longer?がフルセンテンス。

- No problem, ma'am.
（はい、結構です）

それは別料金ですか？

Is that extra?

Yes it is, ma'am.
（さようでございます）

> 別料金はextra chargeだが、extraと言っただけでも十分伝わる。

追加料金はいくらですか？

How much extra?

It's 20% of the room charge.
（お部屋の料金の20％です）

> How much is the extra charge?がフルセンテンス。

コラム8

オムレツの具は皆入れてください

海外のホテルの朝食のとき、コックさんが皆の前でオムレツを焼いている姿をよく見かけます。何人かの人はお皿を手にして、好みの具の入ったオムレツができるのを列を作って待っています。

オムレツの具はタマネギ、ピーマン、マッシュルーム、チーズ、トマト、ハムなどから

What would you like in your omelet?
（オムレツには何をお入れしましょうか？）

と聞かれます。好みの具をいくつか選んで

Onion and mushroom, please.
（たまねぎとマッシュルームをください）

などと返事をしましょう。全部の具を入れてもらいたいときは、

Everything in it, please.

と言います。All in it, please.と間違えて言わないように。

予約

ホテル —————[チェックイン]

チェックインします

😊 Can I help you?
（いらっしゃいませ）

Check in, please.

> Can I help you?は「何かご用でしょうか？」。「チェックインします」をよりていねいに言いたいときは、I'd like to check in, please.と言う。

今からチェックインできますか？

Can I check in now?

😊 Do you have a reservation?
（ご予約はなさっていますか？）

Yes, my name is Suzuki, initial E.

> nowを強く発音すると「今から」チェックインしたいことがより伝わる。名前はまず名字を言って、名前のイニシャル（initial）を伝えると相手にわかりやすい。

はいこれです

😊 May I see your passport?
（パスポートを拝見できますか？）

Here it is.

> Here you are.とも答えられる。

わかりました

😊 Will you fill out this form, please?
（宿泊カードに記入してください）

All right.

> カードの記入方法を尋ねるときはHow do I fill it out?

鍵は2つください

Two keys, please.

😊 One moment, please.
（少々お待ちください）

> We need two keys.を簡潔に省略した表現。Could we have two keys?と言えばよりていねいな表現になる。

チェックアウトは何時ですか？

When's check-out time?

- It's twelve noon, ma'am.
（お昼の12時です）

> What time is check-out? と聞くこともできる。
> twelve noon（昼の12時）はよく使われる表現。

ポーターをお願いします

Porter, please.

- Right away, ma'am.
（ただちに参ります）

> 「ポーターはいりません」はNo porter, thank you.と言う。

ベッドが1つしかありません

- What seems to be the problem?
（どうなさいました？）

There's only one bed.

> What seems to be the problem?は、「何か問題がありましたか？」という意味でよく尋ねられる表現。

ツインの部屋をお願いします

Two beds, please.

- I'm afraid we don't have any twin rooms available.
（ツインの部屋は満室です）

> ツインはtwinでも伝わるが、a room with two bedsの省略形でtwo bedsと言ったほうがより正確に伝わる。

ベットを追加してください

Extra bed, please.

- All right, ma'am.
（かしこまりました）

> 文頭のCan we get an...が省略された形。

チェックイン

81

ホテル —— [ルームサービス]

ルームサービスをお願いします

🔴 **Room service, please.**

😊 Room service. May I help you?
（ルームサービスです。ご注文は？）

> 電話でルームサービスを頼むときの表現。「こちらは1040号室です」は、This is room ten forty.と言う。I'm in room ten forty.とも言える。

お湯をください

🔴 **Hot water, please.**

😊 Right away, ma'am.
（すぐにお持ちします）

> 「氷を持ってきてください」はSome ice, please.と言う。

ピザ2枚と紅茶を2つお願いします

🔴 **Two pizzas and two hot teas, please.**

😊 All right, ma'am.
（承知しました）

> Is it an order for two?「2人前ですか？」と聞かれることもある。「1人前」はan order for oneと言う。

誰ですか？

🔴 **Who is it?**

😊 Room service.
（ルームサービスです）

> 部屋をノックされたときに応じる表現。Who are you?とは言わない。

代金は部屋につけてください

🔴 **Charge to my room, please.**

😊 Then, sign here, please.
（ではここにサインしてください）

> 「部屋につけていいですか？」はCan I charge it to my room?と言う。

CD 34

ワイン開けを持ってきてください

A wine opener, please.

- There will be a charge of one dollar.
（1ドルの料金がかかりますが）

「それは別料金ですか？」は、Is it extra ?と言う。「使い終わりました」は、I'm through with it.と言う。

あとで来てください

- Housekeeping. I'm here to clean the room.
（お部屋の掃除に来ました）

Come back later, please.

We're going out in a minute.「もうすぐ外出します」など、断る場合は理由を伝えるとよい。

ベッドを直してください

Make the bed, please.

- I'll send up a maid right away.
（メイドをすぐに参らせます）

「外出中にベッドを直してください」と頼みたいときは、Will you make the bed while I'm out?と言う。

洗濯物があるのですが

I have some laundry.

- Please put it in a laundry bag and leave it there.
（洗濯物入れに入れて、置いてください）

Laundry service, please.でも通じる。「クリーニングサービスをお願いします」と言う意味。cleaningではなくlaundryと言う。

いつできあがりますか？

When will it be ready?

- It'll be ready by five tomorrow evening.
（明日の午後5時までにできあがります）

When can I get it back?「いつ戻してもらえますか？」と聞くこともできる。

ルームサービス

ホテル —— [フロントサービス]

貴重品を預けたいのですが

Safety box, please.

All right, ma'am. This is your key.
(かしこまりました。これがお客様の鍵です)

Can I deposit valuables? と言うこともできる。「貴重品を戻してください」はMy valuables back, please. と言う。

外線が通じるようにしてください

An outside line, please.

Yes, ma'am.
What's your name and room number?
(お名前とお部屋の番号をお教えください)

lineはtelephone lineのこと。ホテルの部屋から長距離電話や国際電話をかけたいのに通じないという場合は、こう依頼する。

外線はどのようにかけますか

How can I make outside calls?

Just dial 9, then the number.
(9をダイヤルしてから番号にかけます)

「電話をかける」はmake a call、長距離電話はlong distance callsと言う。then the numberはthen dial the numberのこと。

7時にモーニングコールをお願い

Morning call at seven, please.

All right, ma'am?
(かしこまりました)

モーニングコールはwake-up callとも言える。What's your room number?「お部屋の番号は?」と聞かれたら、1254号室の場合はtwelve, fifty-fourと言う。

1145号室の鍵をお願いします

Eleven forty-five, please.

Here you are, ma'am.
(これでございます)

部屋の番号を言うだけで、「鍵をください」という意味が伝わる。「部屋の鍵をください」Room key, please.と言ったあとに部屋の番号を伝えてもよい。

伝言はありますか？

Any messages?

Let me see. No messages, ma'am.
（お調べします。伝言はありません）

文頭のAre there...またはDo you have...が省略された表現なので、語尾を上げて話す。メッセージはmessagesと複数形にするのが正しい。

私にメッセージはありませんか？

Any messages for me?

What's your room number?
（お部屋の番号は？）

文頭のAre there...またはDo you have...が省略された表現なので、語尾を上げて話す。

メッセージを残したいのですが

May I help you?
（何かご用でしょうか？）

I'd like to leave a message.

メッセージを残したいときの決まり文句。

この郵便を出してください

Mail this, please.

All right.
（かしこまりました）

フロントに絵はがきや手紙を渡しながら依頼をする表現。

何時から朝食ですか？

When does breakfast start?

It starts from six o'clock.
（6時からです）

「朝食の時間は何時から何時までですか？」と聞きたいときは、What are the breakfast hours?と言う。

フロントサービス

ホテル — [フロントサービス]

朝食はどこでとれますか？

Where's the breakfast lounge?

> 同様にWhere can I have breakfast?と言うこともできる。

- It's on the second floor.
  （2階でございます）

朝食は部屋でとれますか？

Can I have breakfast in my room?

> 「朝食を部屋で食べたいのですが」と言うときは、I'd like to have breakfast in my room.

- Yes, we can serve you from seven.
  （はい、7時からお持ちできます）

食堂はどこですか？

Where's the dining room?

> How do I get to the dining room?と聞くこともできる。

- It's across the hall.
  （そのホールの向こう側です）

自動販売機はありますか？

Any vending machines?

> 文頭のAre there...が省略された表現。machinesと複数形で尋ねる。

- There's one in the back of this hall.
  （このホールの後ろの方にあります）

このホテルの住所をください

This hotel's address, please.

> 文頭のCould I have...が省略された表現。

- Please take this envelope.
  （この封筒をお持ちください）

この荷物を預かってください

Look after this baggage, please.

文末にuntil five（5時まで）などをつけて依頼することもできる。

- All right. Here's your claim tag.
  (かしこまりました。荷物引換証です)

預けた荷物をもらいたいのですが

My baggage back, please.

文頭のCould I have...が省略された表現。

- May I have your claim tag?
  (荷物引換証をいただけますか？)

いくらあげましょう？

How much should I tip?

「彼にいくらあげたらいいですか？」と聞くときは、How much should I tip him? と言う。

- I think five dollars is enough.
  (5ドルで十分だと思います)

コピーをとりたいのですが

Copy service, please.

「これを3部コピーしてください」(Will you make) three copies of this?と言うこともできる。

- All right, how many?
  (かしこまりました。何枚ですか？)
- Three copies of this, please.

ファックスを送りたいのですが

Send a fax, please.

「これを日本にファックスしてください」(Will you) fax this to Japan? と言うこともできる。

- Yes ma'am.
  (はい)
- Fax this to Japan, please.

フロントサービス

ホテル ──────[フロントサービス／郵便]

電子メールは送れますか？

Can I send an e-mail?

Yes, you can.
(はい、できますよ)

> e-mailはelectronic mailの略語だが、今や1つの単語。1通ならan e-mailで複数ならe-mails。e-mail messagesは電子メールメッセージ。

両替してください

Change, please.

Yes, ma'am.
(かしこまりました)

> 10ドル札などを渡して小さい単位にくずしてもらうときの表現。

5ドル札1枚と1ドル札5枚にして

Will two fives be all right?
(5ドル札2枚でよろしいでしょうか？)

One five and five ones, please.

> 枚数と金額を言うだけで伝わる。5ドル札をfive dollar bill、1ドル札をone dollar billとていねいに表現する必要はない。

これを現金にしてください

Cash this, please.

All right, ma'am.
(かしこまりました)

> トラベラーズチェックを現金に替えてもらいたいときの表現。

10ドル札を10枚にしてください

How would you like it?
(内訳はどのようにしますか？)

Ten tens, please.

> Nine tens and the rest in small change.「10ドル札を9枚に、残りは小銭で」などと言うこともできる。

CD 37

切手はどこで買えますか？

Where can I buy stamps?

「切手」はstampsと複数形で言うのがふつう。

You can buy some at the front desk.
(フロントで買えますよ)

郵便局はどこですか？

Where is the post office?

「近くに郵便局はありますか？」はIs there a post office nearby?、「郵便ポストはどこですか？」は、Where's the mailbox?

Go straight and turn right at the lights.
(まっすぐ行って信号で右に曲がります)

切手をお願いします

Stamps, please.

はがきや手紙を差し出しながら言う。「50セントの切手を2枚ください」は Two fifty-cent stamps, please. と言う。fifty-centsと複数形にはならない。

All right.
(はい)

日本まで航空便でお願いします

Air mail to Japan, please.

絵はがきなどを見せながら By air mail, please.と言うだけでも伝わる。

OK, how many postcards have you got?
(はい、絵はがきが何枚ありますか？)

郵便料金はいくらですか？

How much is the postage?

What's the postage for this?と聞くこともできる。

It's seventy five cents.
(75セントです)

フロントサービス／郵便

ホテル —————————— [電話]

メッセージライトがついています

- Front desk, may I help you?
  (フロントです。ご用でしょうか？)

My message light is on.

> 部屋の電話のランプが点滅していることを伝える表現。Any messages for me?「私あてのメッセージはありますか？」と続けるとよい。

スミスさんをお願いします

Mr. Smith, please.

- Speaking.
  (私ですが)

> Is Mr. Smith there?「スミスさんはいますか？」と言うこともできる。

こちらは1126号室の佐藤です

- Operator, may I help you?
  (交換です。ご用でしょうか？)

This is Sato in room eleven twenty-six.

> 「こちらは～です」はThis is...と言う。

1215号室をお願いします

Room twelve fifteen, please.

- All right. Hold on, please.
  (はい、そのままお待ちください)

> 部屋の番号を言えば、部屋につないでもらえる。

内線の234番をお願いします

Extension two thirty four, please.

- One moment, please.
  (少しお待ちください)

> 「内線」はextensionと言う。

どなたですか？

Who's calling?

- This is Mike Smith.
（こちらはマイク・スミスです）

> May I ask who's calling? と聞くと、ていねいな表現になる。

番号間違いです

- Is this Mr. Johnson?
（ジョンソンさんですか？）

Sorry, wrong number.

> You have the wrong number.がフルセンテンス。

電話をください

Please call me.

- All right, I will.
（わかりました。します）

> Please give me a call.と言うこともできる。I will.は、I will call you.のこと。

え、何ですか？

- I'm gonna have to ask you to come over here.
（こちらへ来ていただくようにお願いします）

Pardon?

> I beg your pardon.がフルセンテンス。Excuse me?と語尾を上げて言うのも意味は同じ。gonnaはgoing toを早口で言ったときのスペル。

聞こえません

- I ...
（私は...）

Can't hear you.

> 文頭のI...が省略された表現。「電話が遠いんですが」という意味で使う表現。

電話

ホテル ―――――［電話］

大きな声でお願いします

More loudly, please.

文頭のSpeak...が省略された表現。

Oh, OK. Can you hear me?
（わかりました。聞こえますか？）

つづりを言ってください

Spell it, please.

文頭にCould you...をつけると、ていねいな表現になる。

OK, it's F-A-K-E.
（はい、FAKEです）

ちょっと待ってください

Can I go on talking?
（話し続けていいですか？）

Hold on, please.

Hold on a second, please.と言うこともできる。hold onは「そのまま待つ」という意味。

折り返し電話します

I'll call back.

「またあとでかけます」はI'll call again.と言う。expectは「期待する」

OK, I'm expecting your call.
（では、お電話をお待ちしています）

電話があったと伝えてください

May I take a message?
（メッセージを承りましょうか？）

Please tell him that I called.

「折り返し電話をするように伝えてください」はCould you have him return the call?と言う。「彼に折り返し電話をさせます」はI'll have him return the call.

お電話をいただいたそうで

I'm returning your call.

留守中に電話があったことを知り、折り返し電話をかけたときに言う表現。

Oh, I'm glad you called.
(ああ、電話をもらってよかった)

お電話ありがとうございました

Thank you for calling.

電話をくれたお礼を言うときの決まり表現。

You're welcome. Nice talking to you.
(どういたしまして。お話できてよかったです)

国際電話をお願いします

Operator, may I help you?
(はい交換台ですが)

Overseas call, please.

overseasは「海外」の意味。国際電話はinternational callとも言える。

日本に電話をかけたいのですが

Operator, may I help you?
(はい交換台ですが)

Call to Japan, please.

I'd like to make an overseas call to Japan, please.は省略しないていねいな表現。

コレクトコールにしてください

Make it collect, please.

コレクトコールにしてほしい場合の決まり表現。

What number are you calling?
(何番におかけですか?)

電話

ホテル —— [トラブル]

締め出されました

😊 What's up?
（どうしたのですか？）

🗨 **I'm locked out.**

> 部屋から「締め出された」ときの決まり表現。I got locked out.とも言える。

合鍵をお願いします

🗨 **Spare key, please.**

😊 Oh, what's your room number?
（お部屋の番号は何番ですか？）

> 「誰かドアを開けてください」Could somebody open the door?と頼むこともできる。

これが身分証明書です

😊 May I see some ID?
（身分証明書を見せてください）

🗨 **Here's my ID.**

> 合鍵でドアを開けてもらうとき、身分証明書の提示を求められたらこう応じるか、Here's my passport.と言いながらパスポートを見せるとよい。

部屋の周りがうるさいのですが

😊 What seems to be the problem?
（どうなさいました？）

🗨 **Too noisy around my room.**

> 直訳すれば「何が問題なのでしょうか？」と質問されている。

違う部屋にしてください

🗨 **Different room, please.**

😊 Let me check and see if there are vacancies.
（空いた部屋があるか調べてみます）

> Another room, please.と言うこともできる。Could I have a different room, please.と言えば、ていねいな表現になる。

エアコンが効きません

- What's the matter?
  (どうしました?)
- **The air-conditioner's broken.**

> The air-conditioner is not working.と言うこともできる。「テレビがつきません」はThe TV doesn't work.と言う。

部屋が暑すぎます

- Is everything OK, ma'am?
  (すべてよろしいでしょうか?)
- **The room's too hot.**

> 「部屋が寒すぎます」は、The room's too cold.

電気がつきません

- Anything wrong?
  (何か不都合ですか?)
- **No lights.**

> I can't turn on the lights.を簡潔にした表現。

お湯が出ません

- **No hot water.**
- Please wait a minute.
  (少々お待ちください)

> 文頭のI can get...が省略された表現。「シャワーの水が出ません」はNo shower.と言う。

風呂の栓が締まりません

- What's up?
  (どうしました?)
- **Can't stop the drain.**

> 「栓が効いていません」は、The plug doesn't work.と言う。

トラブル

ホテル — [トラブル／エレベータ]

バスからお湯があふれ出ました

Bath water overflowed.

😊 OK, I'll send someone up right away.
（では、すぐに誰かを差し向けます）

「お湯が止まりません」は、The hot water won't stop.と言う。

トイレがつまりました

The toilet is blocked.

😊 I'll take care of it soon.
（すぐに手配いたします）

「トイレの水が流れません」はThe toilet doesn't flush.と言う。

直してください

Fix it, please.

😊 I'll just be a minute.
（すぐに手配します）

fixは「直す」の意味。Could you send someone up [to fix it]？「誰か直す人をよこしてください」とも言える。

取り替えてください

Please change it.

😊 I'll take care of it right away.
（すぐ手配します）

「新しいものをください」は、Please give me a new one.と頼む。

誰か中にいます！

There's a stranger in my room!

😊 I'll come check it out right away.
（すぐ調べに参ります）

「部屋を見にきてください」は、Please come to check my room.と言う。

7階を押してください

- What floor?
  (何階ですか?)

Seven, please.
Thank you.

> エレベータのボタンの前に立っている人から行き先を聞かれたら、階数+pleaseで伝えればよい。Thank you.をあとにつけるとよい。

下ですか?

Going down?

- Going up.
  (上です)

> 文頭のIs it...またはIs this...が省略された表現なので、語尾を上げて話す。同じように「上ですか?」と聞く場合は、Going up?と語尾を上げて言う。

お先にどうぞ

After you.

- Oh, thank you.
  (あら、ありがとう)

> 人にエレベータに先に乗ってもらうときの表現。ただPlease.と言うだけでもよい。Go ahead.と言うとぶしつけ。

ちょっと待ってください

- Going down.
  (下に行きます)

Hold it, please.

> エレベータの扉が閉まるのを止めたいときはholdという単語を使う。「先に行ってください」とエレベータを行かせる場合は、Please go ahead.と言う。

私たちは降ります

Excuse us.

- Sure.
  (はい)

> 1人の場合はExcuse me.だが、カップルなど2人以上の人が降りたいときは、Excuse us.と言って通してもらう。usは「私たち」

ホテル ――――[チェックアウト]

ポーターをよこしてください

Porter, please.
This is room eleven fifty-eight.

- I'll send one up right away.
（すぐに1人差し向けます）

Could you send up a porter? はていねいに言うときの表現。I have some luggage.「荷物があります」と伝えることもできる。

荷物はスーツケース2個です

- How much luggage do you have?
（お荷物はいくつありますか？）

Two suitcases.

「スーツケース1個とバッグ2個です」はOne suitcase and two bags.と言う。

チェックアウトします

Check out, please.

- What's your room number?
（お部屋の番号は何番ですか？）

文頭にI'd like to...をつけるとていねいな表現になる。

この金額は何ですか？

What's this?

- It's a phone charge.
（電話料金です）

請求書の数字を指しながらこう尋ねる。文末にamount（金額）が省略されている。「請求書にミスがあります」は、There's a mistake on the bill.と言う。

この電話はかけていません

I didn't make this call.

- Are you sure?
（確かですか？）

「これは飲んでいません」は、I didn't drink this. と言う。

領収書をください

Receipt, please.

- Here you are.
  (はいどうぞ)

> 文頭にCould I have a...をつけるとていねいな表現になる。

部屋に忘れ物をしました

- Are you all set to go?
  (出発準備はすべて整いましたか？)

I left something in my room.

> I forgot something in my room.と言うこともできる。

荷物を預けたいのですが

Look after my baggage, please.

- All right, ma'am.
  (かしこまりました)

> チェックアウトしたあとに、荷物預かりのサービスを利用したいときの表現。「5時まで」預かってほしいなら、...until five o'clock?と文末につける。

このホテルはよかったです

I enjoyed my stay here.

- Thank you. Have a nice day.
  (ありがとうございます。よい1日を)

> I enjoyed staying here.とも言える。

タクシーを呼んでください

Taxi, please.

- All right. In five minutes.
  (はい、5分で参ります)

> 「タクシーが来たらお呼びします」は、We'll call you when the taxi comes.「ホテルの前でお待ちください」は、Please wait in front of the hotel.と言う。

チェックアウト

旅の単語集 ③

ホテル

1泊	one night
合鍵	spare key
預り金	deposit
飲料水	drinking water
エアコン	air conditioner
エレベータ	elevator
階段	stairs
鍵	key
火災報知器	fire alarm
貴重品	valuables
空室あり/なし	vacancy/no vacancy
クリーニングサービス	laundry service
クロークルーム	cloakroom
サービス料	service charge
サイン	signature
シーツ類	linen
支配人	manager
宿泊申込書	registration form
食堂	dining room
シングル	single room
スイート	suite room
セーフティボックス	safety box
ダブル	double room
チェックアウト	check out
チェックイン	check in
朝食	breakfast
ツイン	twin room
荷物	baggage
飲み物	beverage
引き換え証	voucher
非常口	emergency exit
フロント	front desk
別料金	extra
部屋番号	room number
ポーター	porter
身分証明書	ID card
無料の	complimentary
ハウスキーパー	housekeeper
メッセージ	message
モーニングコール	wake-up call
湯	hot water
ユースホステル	hostel
予備のベッド	extra bed
予約	reservation
ラウンジ	lounge
両替	exchange
ルームサービス	room service
ロビー	lobby
忘れ物	left something

郵便

切手	stamp
航空便	air mail
はがき	postcard
ポスト	mailbox
郵便	mail
郵便局	post office
郵便番号	zip code
郵便料金	postage
割れ物	fragile

電話

折り返す	call back
外線	outside line
国番号	country code
交換手	operator
公衆電話	pay phone/public phone
国際通話番号	international code
国際電話	overseas call
コレクトコール	collect call
市外通話	long-distance call
市内通話	local call
地方局番	area code
直通電話	dial direct
つづり	spell
電話帳	telephone directory/phone book
電話番号	telephone number
内線番号	extension number
話し中	busy
番号間違え	wrong number
メッセージライト	message light
留守	no answer

686 Phrases for Travel Abroad

食事

第 5 章

At the Restaurant

レストラン

トラブル

ファーストフード

食事 ――[レストラン]

よいレストランを教えてください

Can you recommend a good restaurant?

「近くによいレストランはありますか？」はIs there a good restaurant nearby?と聞く。

What kind of food would you like?
（どのようなお料理がよろしいでしょうか？）

この土地の料理を食べたいのですが

I'd like to have some local food.

local foodを、Italian food（イタリア料理）、Chinese food（中華料理）、Japanese food（日本料理）などに言い換えて伝える。

The best place is near here.
（いちばんおいしい所が近くにあります）

近くに和食レストランはある？

Is there a Japanese restaurant nearby?

またI'm looking for a Japanese restaurant.「日本料理店を探しています」と言ってもよい。

Yes, there's one in that hotel.
（はい、あのホテルの中にあります）

予約をお願いします

May I help you?
（何かご用でしょうか？）

Reservation, please.

I'd like to make a reservation, please.は、ていねいに言うときの表現。

今晩7時、4人分の席をお願いします

Table for four at seven tonight, please.

「2人分のテーブルをお願いします」はTable for two, please.と言う。

I'm sorry, we are full at that time.
（すみませんが、その時間は満席です）

何時なら空いていますか？

What time is available?

When should we come in? 「いつ行けばいいですか?」と聞いてもよい。

- We'll have a table ready for you after nine.
（9時以降ならテーブルをご用意できます）

服装の規則はありますか？

Is there a dress code?

服装の規則をa dress codeと言う。高級レストランの中には規則を設けている店があるので要注意。

- Yes, ma'am. A jacket is required for gentlemen.
（はい。男性はジャケットが必要です）

彼にネクタイは必要ですか？

Does he need a tie?

「背広とネクタイは必要ですか?」は、Does he need a jacket and tie ?と言う。

- It's not necessary, ma'am.
（どうしても必要ではありません）

予約をキャンセルしてください

Cancel my reservation, please.

I'd like to cancel my reservation, please.はていねいに言うときの表現。

- May I have your name, please?
（お名前をいただけますか？）

開いていますか？

Are you open now?

We're closed from two to five. 「2時から5時までは閉店しております」などといった答えも返ってくる。

- Sorry, we're closed at this time.
（すみませんが、今の時間は準備中です）

食事 ―――――――――[レストラン]

昼食を食べられますか？

Lunch, OK?

Yes, please come in.
(はい、どうぞ中へ)

> Can I have lunch now? がフルセンテンス。

3名です

How many?
(何名様ですか？)

Three, please.

> Table for three, please. 「3人用のテーブルをお願いします」と言ってもよい。

夕食は何時からですか？

When's dinner time?

It's from five thirty, ma'am.
(5時30分からです)

> When do you start serving dinner?とも言える。

バーに2人お願いします

Two for the bar, please.

Please come this way.
(こちらへどうぞ)

> 人数はtwo peopleと言わずtwoと数だけ言えばよい。「こちらへどうぞ」はPlease step this way.とも言われる。

飲み物だけでもいいでしょうか？

Just drinks, OK?

Sure, come right in, please.
(はい、どうぞ入ってください)

> Is it OK to have just drinks?がフルセンテンス。

軽い食事だけでもいいですか？

Just light meals, OK?

- You have to order a full dinner.
（フルディナーをご注文いただく必要があります）

Is it OK to have just light meals?をかんたんに言うときの表現。「前菜だけでもいいですか？」は、Just appetizers, OK？

予約していませんがいいですか？

No reservation, OK?

- Sorry, we're fully booked tonight.
（今晩はすべて予約が入っています）

Is it OK without a reservation?がフルセンテンス。満席のときはThen, we'll come some other time.「じゃあ、また来ます」などと言って立ち去る。

4人分のテーブルをお願いします

Table for four, please.

- Unfortunately, all our tables are full right now.
（申しわけございませんが、ただ今満席です）

Then, we'd like to make a reservation.「それでは予約したいのですが」と言って予約をして帰ることもできる。

どのくらい待つのですか？

How long is the wait?

- It shouldn't be long. Fifteen minutes at the most.
（長くないはずです。せいぜい15分です）

How long do we have to wait?とも言える。

それでは待ちます

- Would you like to wait in the bar?
（バーでお待ちいただけますでしょうか？）

OK, we'll wait.

Would you mind waiting in the bar?という聞き方もされる。

食事 ——————— [レストラン]

7時に予約しています

I have a reservation at seven.
I'm Suzuki. S-U-Z-U-K-I.

> 日本人の名前は外国人にもわかりやすいようにスペルを言うとよい。

禁煙席にしてください

Smoking or non?
（喫煙席ですか禁煙席ですか？）

Non, please.

> nonはnon-smokingの略で、Smoking or non?と短く聞かれることが多い。Non, please.と答えれば十分。

窓際の席にしてください

Is this table all right?
（こちらのテーブルでよろしいでしょうか？）

Window table, please.

> ほかにoutside table（屋外の席）やterrace（テラスの席）がある。テーブルがよければ、Yes, that'll be fine.やYes, thank you.などと言って座る。

もう1人、あとから来ます

One more will join us later.

> One more person is joining us.とも言える。

OK, that'll be five altogether.
（それでは全部で5名ですね）

連れを探していいですか？

Can I look for my party?

Sure, come right in and take a look around.
（はい、入って見回してください）

> 待ち合わせの場所にあとから着いたときに言う表現。partyは「仲間」や「一行」のこと。

オレンジジュースをください

- What can I get you to drink?
  (お飲物は何か？)
- **Orange juice, please.**

Tomato juice, please.のように飲み物＋please.と言って注文をする。水はSome water, please.と言って頼まないと出てこないところが多い。

はいお願いします

- Care for coffee?
  (コーヒーはいかが？)
- **Yes, please.**

コーヒーを勧める店員に対して、コーヒーがほしい場合にする返事。care for...は「～を好む」だが、質問形になると「～はいかが？」という意味になる。

コーヒーではなく紅茶をください

- Coffee?
  (コーヒーはいかが？)
- **No coffee. Tea, please.**

コーヒーを勧められたけれども、紅茶がほしい場合の返事。I'll take some tea.「私は紅茶をいただきます」とも言える。

紅茶をください

- Hot tea or iced tea?
  (紅茶ですか、アイスティですか？)
- **Hot tea, please.**

紅茶はteaでも十分伝わるが、正確にはhot tea。「アイスティをください」はIced tea, please.と言う。

卵2個を目玉焼きにしてください

- What would you like to have?
  (何をお召し上がりになりますか？)
- **Two eggs up, please.**

目玉焼き（片面焼き）はsunny-side upだが、upと言うだけでも通じる。

レストラン▼入店／軽食

食事 ーーーー [レストラン]

スクランブルでお願いします

😊 How would you like your eggs?
(卵はどのように料理いたしましょうか？)

Scrambled, please.

ほかにfried（両面焼き）、over easy（両面焼きの目玉焼き）、hard-boiled（固ゆで卵）、soft-boiled（半熟卵）、poached（落とし卵）などがある。

ハムエッグをください

😊 What can I get you?
(何にしましょうか？)

Ham and eggs, please.

Two eggs up and ham.「目玉焼きとハム」と言っても注文できる。

すべて入れてください

😊 What would you like in your omelet?
(オムレツには何をお入れしましょうか？)

Everything in it, please.

オムレツに入れる具（ハム、たまねぎ、トマトなど）を聞かれた場合、全部入れてもらいたいときの表現。I'd like everything.とも言える。All in it.とは言わない。

生ビールをください

😊 Would you like something to drink from the bar?
(バーから何かお飲物はいかがでしょうか？)

Draft beer, please.

食前酒は何か聞かれたら、好みのお酒＋pleaseで答える。「この土地のビールをください」はLocal beer, please.、いらない場合は、No, thank you.と言う。

白ワインをグラスでください

😊 How about some wine?
(ワインはいかがですか？)

White wine by the glass, please.

「グラスで」は by the glass、「フルボトルをください」はBottle, please.、「ハーフボトルをください」はHalf bottle, please.と言う。

赤ワインを2つください

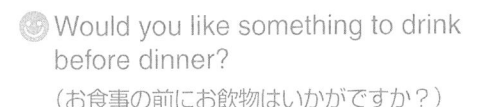

- Would you like something to drink before dinner?
(お食事の前にお飲物はいかがですか？)

Two red wines, please.

A glass of champagne, please.「シャンペンをグラスでください」、Some sherry, please.「シェリーをください」などと答える。

ワインリストをください

The wine list, please.

- Here you are, ma'am.
(こちらでございます)

文頭のCould I have...またはMay I see...が省略された形。

手頃なワインを選んでください

Can you recommend good wine?

- What about this one? It's a local wine.
(これはいかがです？ 土地のワインです)

I'd like a sweet red wine.「甘口のワインが飲みたい」のようにある程度特定してから聞くのもよい。

イタリアワインはありますか？

Any Italian wine?

- Yes. These are all Italian wines.
(はい。これらはすべてイタリアワインです)

頭のDo you have...が省略された表現なので、文末を上げて話す。「カリフォルニアワインはありますか？」はAny Californian wine?と言う。

スコッチの水割りをください

Scotch and water, please.

- Right away, ma'am.
(すぐにお持ちします)

ほかにbourbon and water（バーボンの水割り）やscotch on the rocks（スコッチウイスキーのオンザロック）などと注文する。

食事 ——————[レストラン]

メニューを見せてください

Menu, please.

Here you are.
（はい、これでございます）

> もう1度メニューが見たいときは、Menu again, please.と言う。

まだ注文が決まっていません

May I take your order?
（ご注文を承りましょうか？）

Not ready, yet.

> 文頭のWe're [I'm]...が省略された形。We [I] haven't decided yet.とも言える。

決めるのにまだ時間がかかります

Are you ready to order now?
（注文はお決まりですか？）

We need more time to decide.

> Could you give us more time?「もう少し時間をください」と言ってもよい。

すぐにできるものはありますか？

Anything quick?

We can serve you spareribs right away.
（スペアリブはすぐにご用意できます）

> 文頭のDo you have...が省略された形。What's fast?「すぐにできるものはどれですか？」と尋ねることもできる。

軽いものはありますか？

Something light?

Our oyster plate is rather light.
（カキの料理は比較的軽いです）

> 頭のDo you have...を省略した表現なので、文末を上げて話す。「軽食をお願いします」は、A light meal, please.と言う。

魚介類を食べたいのですが

Seafood, please.

We have a choice of salmon, crab or lobster.
(鮭、カニ、ロブスターから選べます)

What kind of seafood do you have?「どんな魚介類がありますか?」と聞くこともできる。

コースメニューはありますか?

Do you have a course menu?

Yes, we have three courses.
(はい、3種類のコースがございます)

What kind of courses do you have?「どんなコースがありますか?」と聞くこともできる。

コースの内容を説明してください

What's this course?

The main dish is a combination of grilled beef and lobster.
(牛肉とロブスターのグリルが主菜です)

What's the main dish?「メインディッシュは何ですか?」やWhat comes with it?「何がついてきますか?」などと具体的に聞いてもよい。

本日の特別メニューは何ですか?

What's today's special?

It's the Chef's Steak Special.
(シェフ特選ステーキです)

Do you have today's special?「本日の特別メニューはありますか?」と聞いてもよい。

何から選べばいいですか?

What're the choices?

Please choose from beef, pork, or chicken.
(牛肉、豚肉、鶏肉から選んでください)

「牛肉をください」はBeef, please.と言う。

レストラン▼料理を選ぶ

食事 ― [レストラン]

サラダはついてきますか？

Salad comes with it?

- No, it's a separate order.
  (いいえ、別注文になっております)

> Does salad come with it?がフルセンテンス。文末を上げて話す。

郷土料理はありますか？

Any local dishes?

- Our seafood gumbo is very good.
  (魚介類のガンボーシチューはたいへんおいしいです)

> 文頭のDo you have...が省略された形。dishesは皿のことだが、ここでは「料理」を意味する。

これは何ですか？

What's this?

- It's a seafood combination.
  (魚介類の盛り合わせです)

> メニューの内容を指しながら尋ねる表現。What kind of dish?「どんな料理ですか」とも聞ける。

お勧めの料理は何ですか？

What do you recommend?

- Today's special is very good.
  (本日のスペシャル料理はおいしいです)

> What do you suggest?と聞くこともできる。

自慢料理は何ですか？

What's the house's specialty?

- A hot grill of oysters and bacon, ma'am.
  (焼きたてのカキとベーコンの料理です)

> What's the specialty of the house?やWhat's your specialty?と聞くこともできる。the houseは「この店」の意味。

どんなものですか？

What's it like?

- It's grilled meat with some vegetables.
（網焼きの肉に野菜を添えたものです）

> What kind of dish is it?「それはどんな料理ですか？」とも聞ける。

何が入っていますか？

What's in it?

- It's got crab meat in it.
（カニの身が入っています）

> What's in the dish?とも聞ける。

肉料理ですか？

Is it meat?

- Yes, it's lamb.
（はい、子羊です）

> メニューの内容を指しながら尋ねる表現。肉であることがわかっていれば、What kind of meat?「どんな肉ですか？」と聞くことができる。

魚料理ですか？

Is it fish?

- Yes, it's sole.
（はい、舌平目です）

> メニューの内容を指しながら尋ねる表現。魚であることがわかっていれば、What kind of fish?「どんな魚ですか？」と聞くことができる。

量はどれくらいありますか？

How big is it?

- It's for two people.
（2人前です）

> We're not too hungry.「そんなにお腹がすいていないのです」と伝えて、Can we eat it all?「私たちで食べきれますか？」などと聞くこともできる。

食事 ——————[レストラン]

注文をお願いします

Can we order, please?

- Sorry, that's not my station.
（ごめんなさい。私の受け持ちではありません）

> ほかのテーブルを受け持つウエイトレスやウエイターを呼ぶと、このような返事がある。店員は、受け持つテーブルの範囲（station）が決められているので注意。

注文が決まりました

Ready to order.

- OK, what would you like?
（では、何がよろしいでしょうか？）

> 文頭のI'm...が省略された形。簡単にOrder, please.と言うこともできる。

勘定書きは別々にお願いします

- Is it going to be one check or separate checks?
（勘定書きは1つですか、別々ですか？）

Separate checks, please.

> 「勘定書きは1つにしてください」は、One check, please.と言う。Is it going to be...はWill it be...に言い換えることができる。

これをください

This one, please.

- All right, ma'am.
（かしこまりました）

> This one and this one, please.「これとこれをください」のように言うこともできる。

これをいただきます

- What would you like?
（あなたは何になさいますか？）

I'll have this.

> I'll take this.とも言える。

あれと同じ料理をください

- How about you, ma'am?
  (あなたはいかがなさいますか？)

Same dish as that one, please.

> 文頭のI'll have the...が省略された形。「同じものをいただきます」はI'll have the same.と言う。

私はこのコースにします

I'll take this course.

- It's an excellent choice.
  (いい料理を選ばれました)

> ていねいに言うときは、I'd like to take this course.と答える。

2つにしてください

- I'll take this course.
  (このコースにします)

Make it two.

> 1人目の注文と「同じものをください」と言いたい場合、2人目は、Make it two.、3人目は、Make it three.と言って注文をする。The same, please.でもよい。

お勧め料理をいただきます

I'll take your suggestion.

- Good. Thank you.
  (はい、ありがとうございます)

> I'll try it.「それを試してみます」と言うこともできる。

分けて食べます

We'll share it.

- OK, I'll get you some more plates.
  (では、取り皿をお持ちします)

> 1つの料理を数人で分け合いたいときの表現。Two plates, please.「取り皿を2枚ください」やPut it into two plates.「2枚のお皿に分けてください」とも言う。

レストラン▼注文

🍽 食事 ―――――――――――――[レストラン]

サラダは分けてください ❗

Split the salad, please.

😊 Shall I have it split in the kitchen?
（キッチンで分けるようにしましょうか？）

量が多そうな料理は前もって分けてもらうとよい。Split it, please.「それを分けてください」とも言える。

イタリアンドレッシングをください ❗

😊 What kind of dressing would you like?
（ドレッシングは何になさいますか？）

Italian, please.

ほかにFrench（フレンチ）、Thousand Island（サウザンドアイランド）、blue cheese（ブルーチーズ）、oil and vinegar（油と酢）などから答える。

コラム 9

お食事はいかがでしょうか？

海外のレストランでは、テーブルごとに受け持ちのウエイターやウエイトレスが決まっています。ほかのテーブルを受け持つ人を呼ぶと、

I´m sorry, that´s not my station.
（ごめんなさい。私の受け持ちではありません）

と答えが返ってくることがあります。一方、自分のテーブルを受け持つ店員は食事中にときどきやってきて、次のように語りかけてきたりします。

How´s everything?（お食事はいかがでしょうか？）
Is everything OK?（ご満足いただけておりますでしょうか？）

そのとき何かほしいものがあったら、

Some more bread, please.（パンをもう少しください）

などと頼むとよいでしょう。
何もいらない場合は、次のように言います。

Just fine, thank you.（結構です。ありがとう）
Everything´s fine.（皆結構です）
It´s very good.（とてもおいしいです）

急いでください

Quickly, please.

You got it.
(わかりました)

[I'd like it] right away, please.「すぐにいただきたいのですが」と言うこともできる。

焼き方はミディアムにしてください

How would you like your steak?
(ステーキはいかがしましょうか？)

Medium, please.

肉の焼き方についての質問には、ほかにrare（レア）、medium rare（ミディアムレア）、well-done（ウエルダン）などから答える。

デザートはあとで注文します

Dessert later, please.

All right.
(わかりました)

We'd like some dessert later.と言うこともできる。

コーヒーは食後にお願いします

Coffee after dinner, please.

Certainly, ma'am.
(かしこまりました)

文頭のI'd like to have...が省略された形。「コーヒーは今お願いします」と言いたいときは、Coffee now, please.

注文は以上です

Would you like anything else?
(ほかにご注文はありますか？)

That'll be all.

Something else?「ほかに何か？」などと注文を聞かれたときに、何もいらない場合の答え方。That'llはThat willを省略した形。

食事 ——————————————— [レストラン]

これはどうやって食べるのですか？

How can I eat this?

First, you crack the shell like this.
（まず、このように殻を割ります）

How do I eat this?とも言える。Could you tell me how to eat this?「この食べ方を教えてくださいませんか？」とていねいに言うこともできる。

すべて満足しています

How's everything?
（お食事はいかがでしょうか？）

Everything's fine.

Is everything OK?やHow are you doing?とも聞かれるので、簡単にJust fine.やIt's delicious.「おいしいです」と答える。

パンをもう少しください

Is everything OK?
（何かご用はございますか？）

Some more bread, please.

何もいらないときは、Fine, thank you.「もう十分です」と言う。

ワインをもう少しください

Some more wine, please.

Here you go.
（さあ、どうぞ）

Please enjoy the rest of your meal.「お食事を最後までお楽しみください」と言われることもある。

トイレはどこですか？

Where's the rest room?

I'll show you.
（ご案内しましょう）

the rest roomは、men's room（男性用トイレ）、ladies' room（女性用トイレ）とも言い換えられる。restroomとつなげてつづられることもある。

まだ食べています

🙂 Are you finished?
(お済みですか？)

Not yet.

May I take your plate? 「お皿をお下げいたしましょうか？」と聞かれることもある。Not yet.はI'm not finished yet.を省略した表現。

食べ終わりました

🙂 Are you finished?
(お済みですか？)

Yes, finished.

「デザートを持ってきてください」はPlease bring dessert.

おいしかったです

I enjoyed the food.

🙂 Thank you. I'm glad you did.
(ありがとうございます。ご満足いただけてうれしいです)

It was very good.とも言うことができる。

持ち帰ってもいいですか？

Can I take this home?

🙂 Sure, I'll put it in a bag.
(はい、袋に入れましょう)

Can I take this out?と言ってもよい。I'd like to take this home.はよりていねいな表現。また、Could I have this to go?とも言える。

持ち帰り用に包んでください

A doggie bag, please.

🙂 All right, ma'am.
(かしこまりました)

「飼い犬用に包んで」という意味の表現だが、実際には自分のために持ち帰ることがほとんど。

食事 —————————— [レストラン]

デザートはいりません

😊 Care for some dessert?
（デザートはいかがですか？）

💬 **No dessert, thanks.**

> 文頭のWould you...が省略された表現。care for...は「いかがですか？」という意味。

デザートメニューをください

😊 Would you like some dessert?
（デザートはいかがでしょうか？）

💬 **Dessert menu, please.**

> デザートメニューがないときは、What do you have for dessert?「どんなデザートがありますか？」と尋ねる。

アイスクリームをください

💬 **Ice cream, please.**

😊 What kind of flavor would you like?
（どんな味がよろしいでしょうか？）

> vanilla（バニラ）やchocolate（チョコレート）など好みの味（flavor）を加えて言うとよい。

果物をください

😊 What would you like?
（何になさいますか？）

💬 **Some fruit, please.**

> What kind of fruit do you have?と聞くこともできる。

コーヒーを2つください

😊 Something to drink after dinner?
（食後にお飲み物はいかがですか？）

💬 **Two coffees, please.**

> 同じものを複数注文する場合は、coffeesのようにsをつける。

ブラックで結構です

- Cream and sugar?
  (ミルクとお砂糖はいかが？)
- **Black is fine.**

ほしい場合はYes, please. と言う。Cream and sugar, please.「ミルクとお砂糖をお願いします」とこちらから頼むこともできる。

紅茶を3つください

- **Three hot teas, please.**
- Certainly.
  (かしこまりました)

teasと複数形になることに注意する。With lemon, please.「レモンをつけてください」、Tea with lemon, please.「レモンティをください」などの注文もできる。

おかわりをください

- **Another one, please.**
- Coffee?
  (コーヒーですか？)

Another [cup of] coffee. と言うこともできる。「コーヒーをもう少しください」はMore coffee, please.と言う。

それで結構です

- **That's enough.**
- Are you sure?
  (そうですか？)

飲み物をある程度カップやグラスについでもらって、もう十分というときの表現。

とてもおいしかったです

- Did you enjoy your dinner?
  (ディナーをお楽しみいただけましたでしょうか？)
- **It was very good.**

It was very delicious.とも言える。

食事 ——[レストラン]

お勘定をお願いします

😊 Anything else?
（ほかに何か？）

Check, please.

> ふつうはこう言えば十分だが、もっとていねいに言いたいときは、Could I have the check, please?と頼む。

サービス料は含まれていますか？

Is service included?

😊 Yes it is, but not the tip.
（はい、でもチップは含まれていません）

> Is the service charge included?を簡潔に言った表現。

チップは含まれていますか？

Is the tip included?

😊 No, it isn't, ma'am.
（いいえ、含まれていません）

> チップを渡すときはThis is for you.「これをどうぞ」、I've left the tip on the table.「テーブルにチップを置きました」などと言う。

全部でいくらですか？

How much altogether?

😊 It'll be one hundred twenty five dollars, ma'am.
（125ドルです）

> 店員が合計金額を指してHere's your total.と言う場合もある。

この金額は何ですか？

What's this?

😊 It's the tax, ma'am.
（税金です）

> cover charge（席料）やlocal tax（地方税）などが含まれていることがあるので注意。「この勘定書きは違います」はWrong check.と言う。

私の食べた分ではありません

- It's the Caesar salad.
  （シーザーサラダの代金です）
- **I didn't eat this.**

eatはhaveにも言い換えられる。「これは注文していません」はI didn't order this.

お釣りは取っておいてください

- **Keep the change.**
- Thank you very much, ma'am.
  （どうもありがとうございます）

食事の代金とチップとをまとめて現金で払うときの表現。

クレジットカードでいいですか？

- **Credit card, OK?**
- Yes, we take VISA and MasterCard.
  （はい、ビザかマスターカードであれば）

「ビザカードでいいですか？」はVISA, OK?、「マスターカードでいいですか？」はMasterCard, OK?と聞く。

私の部屋につけてください

- **Charge it to my room, please.**
- Signature, please.
  （サインをお願いします）

ホテル内のレストランであれば、会計を宿泊している部屋につけることができる。

お釣りが足りません

- **I didn't get enough change back.**
- I'm terribly sorry.
  （申しわけありません）

「お釣りが2ドル足りません」は、My change is short two dollars.、「お釣りが多いようです」は、I got too much change back.と言う。

レストラン▼支払い

食事 ———————————[トラブル]

私の飲み物が来ていません

Where's my drink?

☺ I'll check with the bar.
（バーに問い合わせてみます）

> 直訳すれば「私の飲み物はどこですか？」。「私のサラダが来ていません」はWhere's my salad?と言う。

料理が遅いです

The food is late.

☺ It's coming up.
（今、持ってきています）

> I ordered the food long time ago.「ずいぶん前に注文したのですが」と言ってもよい。

料理がまだ来ていません

The food's not come yet.

☺ Hold on a minute.
（少々お待ちください）

> My order hasn't come yet.「注文したものがまだ来ていません」と言ってもよい。food'sはfood hasを省略した形。

急いでください

Hurry, please.

☺ I'll tell the kitchen.
（調理場に伝えます）

> Rush my order, please.とも言える。

これは注文していません

☺ Here's your salad.
（はい、サラダです）

I didn't order this.

> This is not what I asked for.「私が注文したものではありません」とも言える。

私が注文したものとは違います

- T-bone steak for you, ma'am.
  (ご注文のTボーンステーキです)
- **This is not what I ordered.**

I ordered the New York steak.「私はニューヨークステーキを注文しました」などと言うこともできる。

生焼けです

- How's your steak?
  (ステーキはいかがですか?)
- **It's too rare.**

too hot(辛い)やtoo spicy(スパイスがききすぎ)などは覚えておきたい表現。

もう少し焼いてください

- **Cook it more, please.**
- Sure, let me take your plate.
  (はい、お皿をいただきます)

ていねいに頼むときは、I'd like it cooked more.と言う。

焼けすぎです

- **It's overdone.**
- Oh, I'm terribly sorry.
  (誠に申しわけありません)

It's overcooked.とも言える。

お皿を替えてください

- **Change this plate, please.**
- Certainly.
  (承知しました)

ていねいに言うときは、Could you...を文頭につける。

食事 ──[トラブル／ファーストフード]

もう1度温めてください

Heat it again, please.

All right, ma'am.
（かしこまりました）

ていねいに言うときは、Could you...を文頭につける。

お箸をください

What can I get you?
（何を差し上げましょうか？）

Chopsticks, please.

文頭にCould I have...をつけるとていねいな表現になる。「ナイフをください」はA knife, please.と言う。

フォークを落としました

I dropped my fork.

Oh, I'll get you another one.
（別のものをお持ちします）

フォークやナイフなどを落としたときは係りの人に伝える。

別のナイフをください

Yes, anything wrong?
（はい、何でしょうか？）

Another knife, please.

文頭にCould I have...をつけるとていねいな表現になる。

テーブルを片付けてください

Anything else?
（ほかに何か？）

Clear the table, please.

Take the plates [away], please.「お皿を持っていってください」と言うこともできる。

どこで注文すればいいですか？

Where do I order?

At that counter in the back.
(後ろのカウンターです)

Can I order here?「ここで注文できますか？」とも聞ける。

注文はどうすればいいですか？

How do I order?

Buy your ticket first and take it to the counter.
(食券を買って、カウンターに行きます)

I'd like to order.「注文したいのですが」と言ってもよい。

先に払うのですか？

Pay first?

No, you pay later.
(いいえ、あとで払います)

文頭のDo I have to...が省略された形。「先に食券を買いますか？」はBuy ticket first?、「ほしいものを注文してください」は、Just order what you want.

これをください

This one, please.

Which one? This one?
(どれですか？ これですか？)

指でさしながら注文するときに言う。「これを2つください」はTwo of these, please.と言う。

コーラを2つください

Next, please.
(次の方は？)

Two Cokes, please.

Next, please.は「次の方の注文を受けます」という意味。「小さいサイズのコーラを2つ」はTwo small Cokes, please.と言う。

🍴 食事 ――――――[ファーストフード]

小さいのにしてください

- Large or small?
  (大ですか、小ですか？)
- **Small, please.**

> What size?「どのサイズですか」の問いには、サイズを答える。場合によってsmall、regular(medium)、largeの3種類のサイズがある。

ハンバーガーを1つください

- **A hamburger, please.**
- What do you want on it?
  (上に何をのせますか？)

> 注文する数を正しく言うこと。「ピザを1切れください」は A slice of pizza, please. と言う。ketchup（ケチャップ）やonion（タマネギ）などを上にのせる。

持ち帰りにしてください

- Two hot dogs, please.
- For here or to go?
  (こちらで食べますか、持ち帰りですか？)
- **To go, please.**

> to goはテイクアウトのことで、take outよりもよく使われる。Eat here or to go?とも聞かれる。「ここで食べます」はI'll eat here.と言う。

ホットドック2つをテイクアウトで

- **Two hot dogs to go, please.**
- Want some ketchup and mustard?
  (ケチャップとマスタードは？)

> Two hot dogs to take out.とも言えるが、to goのほうが簡単で言いやすい。

ナイフとフォークはどこですか？

- **Where're the knives and forks?**
- They are already on the table.
  (テーブルにあります)

> 「ナプキンはありますか？」は、May I have a napkin?と言う。「テーブルをふいてください」は、Please wipe the table.と言う。

この席は空いていますか？

Is this seat taken?

- Yes, it's taken.
（いいえ、使っています）

> 直訳は「この席はふさがっていますか」なので、Noの答えなら席は空いている。Is anyone sitting here? 「ここに誰か座っていますか」とも聞ける。

ここに座ってもいいですか？

Can I sit here?

- Go ahead.
（どうぞ）

> Sorry, it's taken.「ふさがっています」や、My friend is sitting here.「友だちが座っています」などの答えが返ってくるかも。

相席をお願いできますか？

Can we share the table?

- Sure.
（いいですよ）

> shareは「分け合う」という意味。

少し場所を空けてください

Could you make some room for us?

- OK, we'll move over here.
（はい、ではこちらに来ます）

> roomは「部屋」の意味ではなく、「場所」や「空間」を示す。

塩を取ってください

Pass the salt, please.

- Here.
（どうぞ）

> 「塩とこしょうを取ってください」はSalt and pepper, please.と言う。

食 事

揚げる	fry
あぶる	grill
ウエイター	waiter
ウエイトレス	waitress
ウェルダン	well-done
カフェテリア	cafeteria
勘定書	check/bill
郷土料理	local specialty
軽食	snack
こしょう	pepper
米	rice
冷めている	cold
サラダ	salad
シェフのお勧め料理	chef's suggestion
塩	salt
主菜	main dish
しょうが	ginger
酢	vineger
スープ	soup
清涼飲料水	soft drinks
前菜	appetizer/hors d'oeuvre
チップ	tip
昼食	lunch
注文	order
朝食	breakfast
追加の〜	another…
デザート	dessert
トイレ	rest room
取り皿	plates
ナプキン	napkin
生ビール	draft beer
にんにく	garlic
飲み物	beverage
箸	chopsticks
パン	bread
ハンバーガー	hamburger
ビュッフェ	buffet
ファーストフード	fast food restaurant
本日のお勧め	today's special
ミディアム	medium
蒸す	steam
メニュー	menu
麺類	noodles
持ち帰り袋	doggie bag
持ち帰る	take out
持ち帰るか、店で食べるか	to go or to eat in
焼く	roast
夕食	supper
ゆでる	boil
楊枝	toothpick
予約	reservation
レア	rare
レストラン	restaurant
割勘にする	go Dutch

主 菜

アワビ	abalone
イカ	squid
カキ	oyster
カニ	crab
牛肉	beef
子牛の肉	veal
子羊の肉	lamb
鮭	salmon
七面鳥	turkey
スズキ	sea bass
鶏肉	chicken
蛤	clam
ヒレ肉	fillet
豚肉	pork
帆立貝	scallop

味 覚

あっさり	light
甘い	sweet
おいしい	delicious
辛い／熱い	hot
塩辛い	salty
すっぱい	sour
スパイシー	spicy
苦い	bitter

686 Phrases for Travel Abroad

買い物

第6章

At the Store

店員との会話

支払い

包装／返品

買い物 —— [店員との会話]

デパートはどこですか？

Where's a department store?

- It's a few blocks that away.
  (あちらに2、3ブロック先です)

> 「スーパーはどこですか？」は、Where's a supermarket?、「フィルムを売っているところを知りませんか？」は、Do you know where I can buy film?

ショッピング街はどこですか？

Where's the shopping area?

- There's a big shopping mall over there.
  (大きなショッピング街はあそこです)

> 「免税店はどこですか？」は、Where's the duty free shop?

洋服売り場はどこにありますか？

Where's the clothing section?

- On the fifth floor.
  (5階です)

> 「靴売り場はどこですか？」は Where's the shoe section?と聞く。「化粧品売り場はどこですか？」は Where's the cosmetics section?と聞く。

何時に開きますか？

What time do you open?

- From ten o'clock.
  (10時からです)

> Are you open now?「開いてますか？」と聞くこともできる。

何時に閉まりますか？

What time do you close?

- We close at six.
  (6時です)

> How late are you open?「いつまで開いてますか？」と聞くこともできる。We're open until six.「6時まで開いてます」などといった答えが返ってくる。

ただ見ているだけです

- May I help you?
  (何かご用でしょうか？)
- **Just looking.**
  Thank you.

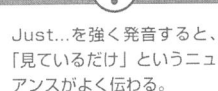

> Just...を強く発音すると、「見ているだけ」というニュアンスがよく伝わる。

はい、お願いします

- May I help you?
  (何かお伺いしましょうか？)
- **Yes, please.**

> Yes.のあとにpleaseをつけるとていねいで好感をもたれる。

今、頼んでいます

- May I help you?
  (何かお伺いしましょうか？)
- **I'm being helped.**
  Thank you.

> 係の人に対応してもらっているときに、別の店員から話しかけられた場合の正しい応答。直訳すると「今、対応されています」となる。

すみません

- **Excuse me.**
- I'll be with you in a moment.
  (すぐに参ります)

> Excuse me.と言ってお店の人に話しかける。I'll be with you.は「あなたにつきます」という意味。

お願いします

- **Help me, please.**
- I'll be right with you.
  (すぐに参ります)

> 店の人に対応を頼むときの表現。Could you help me, please?と言えば、ていねいな依頼の表現になる。

店員との会話

買い物 ――― [店員との会話]

それを見せてください
Show it to me, please.

Can I see it?「それを見てもいいですか?」と聞くこともできる。

- Which one? This one?
  (どれですか? これですか?)

触ってもいいですか?
Can I touch it?

「手に取っていいですか?」はCan I pick it up?と聞く。

- Please. As you like.
  (どうぞ、お好きなように)

今セール中ですか?
On sale now?

Is this [Are they] on sale?「セール品ですか?」と聞くこともできる。

- Yes, these are all 20 % off.
  (はい、これらはすべて2割引です)

革のジャケットはありますか?
Do you have leather jackets?

「〜がありますか?」はDo you have ...?と聞く。

- Right this way, please.
  (こちらでございます)

これは男性用ですか?
For men?

文頭のIs this...が省略された表現なので、語尾を上げて話す。

- No, it's for ladies.
  (いいえ女性用です)

これは女性用ですか？

For ladies?

- Yes, it is.
  (はい、そうです)

文頭のIs this...が省略された表現なので、語尾を上げて話す。

もっと小さいサイズをお願い

Smaller size?

- Yes. They are in this section.
  (はい、こちらのセクションにございます)

文頭のDo you have any...が省略された表現なので、語尾を上げて話す。「もっと大きいサイズはないですか？」は、Bigger size?と言えば伝わる。

別な色はないですか？

Other colors?

- We have only black and white.
  (黒と白しかございません)

文頭のDo you have any...が省略された表現なので、語尾を上げて話す。「違うデザインはないですか？」はAny other design?と聞く。

これの新品はありますか？

Do you have a new one?

- Let me check.
  (調べてみます)

I'd like a brand-new one.「新品をいただきたいのですが」と言うこともできる。

私のサイズを測ってください

Measure me, please.

- Can you wait a moment?
  (少々お待ちください)

What's my size?「私のサイズはいくつですか？」と尋ねてもよい。具体的に「袖を測ってください」と頼むときは、Measure my sleeve, please.と言う。

買い物 ―― [店員との会話]

試着していいですか？

May I try it on?

- Sure.
  (どうぞ)

> Can I try this on?と聞くこともできる。

試着室はどこですか？

Where's the dressing room?

- It's over there.
  (あちらです)

> 「試着室」はthe changing roomやthe fitting roomとも言う。

私にどうですか？

How do I look?

- You look just fine!
  (よくお似合いですよ)

> What do you think?「どう思いますか？」と聞くこともできる。howを用いてHow do you think?と聞くのは間違い。

サイズは私にぴったりですか？

Right size for me?

- The sleeves are a little too long.
  (袖が少し長いですね)

> 文頭のIs this the...が省略された表現。

サイズが合いません

- How do you like it?
  (いかがですか？)

It doesn't fit.

> 「やや大きすぎ（小さすぎ）です」と言うときは、It's a little too big [small].と伝える。

サイズを直せますか？

Can you make alterations?

- Yes, we can.
  （はい、できます）

> Can you alter it?と尋ねることもできる。alterは「仕立て直す」という意味。alterationsは「サイズ直し」

もっと短くしてください

- Is this all right?
  （これでよろしいですか？）

Shorter, please.

> 文頭のMake it...が省略された表現。「もっと長くしてください」は、Longer, please.と言う。

どれくらいかかりますか？

How long does it take?

- Just one day.
  （1日でできあがります）

> 文末の...to alter it「そのサイズを直すのに」が省略された表現。「直すのにいくらかかりますか？」は、How much does it cost to alter it?と聞く。

20歳の女性によいですか？

- Thank you for waiting. May I help you?
  （お待たせいたしました。ご用は？）

Good for a twenty-year old lady?

> 文頭のIs this...が省略された表現。「50歳の男性によいですか？」はGood for a fifty-year old man?と聞く。

生地は何ですか？

What material is this?

- It's a 100% silk.
  （シルク100パーセントです）

> What is this made out of?「これは何でできていますか？」と聞くこともできる。

店員との会話

買い物 ——————————— [支払い]

これをください

- How about this one?
  (これはいかがですか？)
- **I'll take it.**

> I'll take this one.とも言える。「これを買います」と言うときの決まり表現。

これを5個ください

- **I'll take five of these.**
- All right. Thank you.
  (かしこまりました。ありがとうございます)

> 「これらを5個」という意味でfive of theseが正しい。

やめておきます

- No, it isn't duty free.
  (それは免税ではありません)
- **I'll pass.**

> 「今回はやめておきます」I'll pass this time. や「もっと考えます」I'll think it over. と言うこともできる。

すみませんでした

- **Thank you anyway.**
- Please come back again.
  (またいらしてください)

> 何も買わなかったときに言う表現。「また来ます」I'll be back. と言うこともできる。anywayは「とにかく」の意味。

値段が高すぎます

- It's $1,500.
  (1500ドルです)
- **Too expensive.**

> 文頭のIt's...が省略された表現。「買う余裕がありません」I can't afford it.と言うこともできる。

おまけしてくれませんか

Discount, please.

OK, I'll give you a 10% discount.
(それでは、1割引にしましょう)

文頭のGive me a...が省略された表現。「もう少し安くしてください」(Make it) a little cheaper, please. とも言える。

予算は1000ドル以下です

What price range do you have in mind?
(お値段の幅はどれくらいをお考えですか？)

My budget is under $1,000.

「限界は1000ドルです」My limit is $1,000. とも言える。$1,000は、one thousand dollarsと読む。

1000ドル以下に押さえたいので

How about this one? It's $1,200.
(これはいかがですか？ 1200ドルです)

I want to stay under $1,000.

「1000ドル以上は払えません」I can't pay more than $1,000. と率直に言うこともできる。

買うものはそれだけです

Anything else?
(ほかに何か？)

That'll be all.

「それで全部です」と言うときの決まり文句。That'llはThat willを省略した形。

合計でいくらですか？

What's the total?

It'll be nine hundred fifty dollars.
(950ドルになります)

「全部でいくらですか？」How much altogether? と聞いてもよい。

買い物 ―――――――[支払い]

ここで支払うのですか？

Do I pay here?

Please pay at the cashier over there.
(あちらのお勘定場でお支払いくださいませ)

> Can I pay here?と聞くこともできる。「どこで支払いますか？」はWhere do I pay?と聞く。

クレジットカードは使えますか？

Credit card, OK?

Certainly!
(もちろんでございます)

> 「主要カードはすべてご利用できます」We take all major credit cards.と答えるところが多い。

カードで払います

Cash or charge?
(現金ですか、カードですか？)

Charge, please.

> こう言ってカードを渡す。「現金で払います」はCash, please.

トラベラーズチェックでもいい？

Traveler's check, OK?

Of course. Do you have any ID?
(もちろんです。身分証明書はお持ちですか？)

> これは1枚を見せて言う場合。トラベラーズチェックはふつうtraveler's checksと複数形で言う。

日本円は使えますか？

Japanese yen, OK?

No problem, ma'am.
(問題ございません)

> Do you take Japanese yen?と言うこともできる。Can I pay in...を簡潔にした質問表現。

お釣りを間違えています

😊 Here's your change.
(お釣りです)

🗣 **You gave me the wrong change.**

> 「間違いがあるようです」I think there's a mistake. とも言える。

領収書をください

🗣 **Receipt, please.**

😊 Sure.
(はい)

> Could I have a receipt, please?は、ていねいに言いたいときの表現。

支払い

コラム10

海外でショッピングを楽しむために

ショッピング(特に海外での)が楽しみという人は多いでしょう。ストレスの解消のためにという人もいますね。お金がどんどん出ていってしまうのが心配の種だけれど。

日本でも海外でも人気のあるお店は混雑していることが多いので、店員にExcuse me.と話しかけても、なかなか来てくれないことがあります。
そのとき、店員は

I´ll be with you in a moment.
I´ll be right with you.
(すぐ参ります)

と決まって言うので覚えておきましょう。

Thank you for waiting.
(お待たせいたしました)

とやって来たときには、**Sure.** と簡単に答えましょう。

買い物 ― [包装/返品]

贈り物なので包んでください

Gift-wrap it, please.

- Would you take this to that counter?
(あちらのカウンターまでお持ちください)

Wrap it as a gift, please. と頼むこともできる。きちんとした包装ならば、専用カウンターで対応され、別料金を取られる場合が多い。

別々に包んでください

Wrap them separately, please.

- OK, I'll just give you five small bags.
(では、小さい袋を5つ差し上げます)

Put them in separate bags, please.「別々の袋に入れてください」と言うとよい。

日本に送れますか？

Can you send it to Japan?

- Yes, there will be a shipping charge.
(はい、送料がかかりますが)

shipping chargeは「送料」の意味。handling chargeは「手数料」の意味。

これを返品したいのですが

I want to return this.

- Anything wrong with it?
(何か不都合がありましたか？)

I'd like to return this. は、ていねいに言いたいときの表現。

それは壊れています

It's broken.

- We're terribly sorry, ma'am.
(誠に申しわけございません)

これは機械類に関しての表現。衣類などは「ここにシミがあります」It has a spot here. などと欠陥の理由を言うとよい。

これが領収書です

Here's the receipt.

Please wait a minute.
(少々お待ちください)

また「領収書はお持ちですか？」Do you have the receipt? と聞かれたら、「これです」Here it is. と答える。

これを交換してください

I want to exchange it.

All right.
(かしこまりました)

Exchange it for a new one.は、「新しいものと交換して」くれるよう頼む表現。「小さいサイズと交換して」はExchange it for a smaller size.と言う。

この品物の代金を戻してください

Refund on this, please.

I'm afraid no refunds. You can only exchange it for something else.
(ほかのものと交換するしかできません)

文頭のI want a...が省略された表現。refundは「払い戻し」の意味。

これおかしいのですが

Something's wrong with this.

I'm very sorry about that.
(それは申しわけありません)

「サイズが違うのですが」は、The size is wrong.、「部品が足りないのですが」は、It's missing some parts. と言う。

これと取り替えてもいいですか？

May I exchange this for that?

Yes, of course.
(かしこまりました)

「取り替える品物を選んでください」Please choose the item you'd like to exchange it for.と言われることも。

包装／返品

旅の単語集 ⑤ 買い物

明るい色	bright color
アンティーク	antique
色	color
ウール	wool
売り切れ	sold out
売り出し	on sale
上着	jacket
営業時間	business hours
大きいサイズ	large
お釣り	change
おみやげ屋	gift shop
おもちゃ屋	toy store
開店する	open
きつい	tight
絹	silk
薬屋	pharmacy
口紅	lipstick
靴	shoes
暗い色	dark color
クレジットカード	credit card
化粧品	cosmetics
交換	exchange
子ども服	children's clothing
在庫	stock
サイズ	size
酒屋	liquor store
ジーンズ	blue jeans
下着	underwear
試着室	dress room
試着する	try…on
自動販売機	vending machine
正札	price tag
紳士服	men's clothing
スーパーマーケット	supermarket
ストッキング	stockings
ズボン	pants
税	tax
生理用ナプキン	sanitary napkins
セーター	sweater
高い	expensive
小さいサイズ	small
デザイン	design
デパート	department store
店員	store clerk
トラベラーズチェック	traveler's check
取り替える	replace
にせもの	fake
ネクタイ	tie
値下げ	reduction
値段	price
値引きする	discount
配達する	deliver
払い戻し	refund
パン屋	bakery
服	clothes
婦人服	women's clothing
ブラウス	blouse
閉店した	closed
返品する	return
宝石	jewelry
保証書	warranty
本物	real/genuine
本屋	bookstore
水着	swim suit/swimming suit
身分証明書	ID card
名産物	well-known product
免税	tax exemption
免税店	duty-free shop
木綿	cotton
模様	pattern
安い	cheap
安売り	bargain
ゆったりとした	loose
予算	budget
領収書	receipt
レジ	cash register
ワイシャツ	shirt

686 Phrases for Travel Abroad

7

娯 楽

第 7 章

Entertainment

観光／ツアー

映画／演劇

スポーツ

娯楽 ― [観光/ツアー]

観光案内所はどこですか？

Where's information?
- Turn right at the next corner.
  (次の角で右に曲がってください)

Where's the tourist information?がフルセンテンス。

街の地図をください

A town map, please.
- Just take one from that counter.
  (あのカウンターから取ってください)

文頭にCould I have...をつけるとていねいな表現になる。「街の地図がありますか？」Do you have a city map? と聞くこともできる。

観光案内をください

A sightseeing pamphlet, please.
- Here it is.
  (これをどうぞ)

文頭にCould I have...をつけるとていねいな表現になる。pamphletはbrochureとも言い換えられる。

ツアーのパンフレットをください

- May I help you?
  (ご用でしょうか？)

A brochure for your tours, please.

「どんなツアーがありますか？」はWhat kind of tours do you have?と聞く。

市内観光をしたいのですが

I'd like to take a city tour.
- We have two different city tours.
  (2つの市内ツアーがあります)

同様に、「観光ツアー」はsightseeing tour、「ナイトツアー」はnight tourと言う。

CD 63

ツアーは何がお勧めですか？

What tour do you recommend?

Can you recommend a good tour?と聞くこともできる。

- We recommend this special tour.
  （このスペシャルツアーがお勧めです）

何時間かかりますか？

How many hours?

文末の...does it [the tour] take?が省略された表現。How long is the tour?と尋ねてもよい。

- Takes about five hours.
  （5時間くらいかかります）

半日のツアーですか？

Is this a half day tour?

1日のツアーはa one day tourとも言う。

- No, it's a full day tour.
  （いいえ、1日のツアーです）

ガイドはつきますか？

Is this tour guided?

「ガイドつきのツアーですか？」Is this a guided tour? と聞くこともできる。

- Yes, it is.
  （はい、つきます）

日本人のガイドはいますか？

Any Japanese guides?

「日本語を話すガイドはいますか？」はAny Japanese speaking guides?

- I'm afraid not.
  （いいえ、いません）

観光／ツアー▼予約

147

娯楽 ― [観光／ツアー]

このツアーの予約はできますか？

Can I reserve this tour?

Yes, your name and the hotel you're staying at, please.
(はい、お名前と宿泊先のホテルをどうぞ)

「このツアーの予約をお願いします」はI'd like to make a reservation for this tour.と頼む。

このツアーに参加します

I'll take this tour.

Thank you.
(ありがとうございます)

I'll take it.は「それにします」と決定をするときの決まり表現。

いくらですか？

How much?

It's forty five dollars.
(45ドルです)

文末の...is itまたは...does it costが省略された表現。

食事はついていますか？

Is the meal included?

No, that's not included.
(いいえ、ついていません)

includedは「含まれている」の意味。「何が料金に含まれていますか？」と聞くときは、What's included in the price?と言う。

今払うのですか？

Do I pay now?

Yes, please.
(はい、お願いします)

「トラベラーズチェックでいいですか？」Traveler's checks, OK?、「クレジットカードでいいですか？」Credit card, OK? などと尋ねてもよい。

どこに集合しますか？

Where do we meet?

We'll pick you up in front of your hotel.
（あなたのホテルの正面でお乗せします）

pick you upは「（車で）迎えにくる」の意味。

出発はどこからですか？

Where do we start?

We will start at the bus depot.
（バスセンターから出発します）

Where do we leave from?とも言うことができる。bus depotは「バス発着所」のこと。

出発は何時ですか？

When do we start?

We are scheduled to leave at ten.
（10時に出発する予定です）

What time do we leave?とも言うことができる。scheduled to leaveは「出発予定」

何時に帰ってきますか？

When do we return?

We'll be back around six o'clock.
（6時ごろに戻ってきます）

When...はWhat time...にも言い換えられる。When are we coming back?と聞くこともできる。

解散はどこでしますか？

Where do we split up?

We'll split up at the hotel.
（ホテルで解散します）

「現地解散です」は、The group will separate when we get to the location.と言う。

観光／ツアー▼予約

娯楽 ——————————[観光／ツアー]

あの建物は何ですか？

What's that building?

famousは「有名な」の意味。

- It's a world famous castle.
（世界的に有名なお城です）

美術館への近道はありますか？

What's the shortest way to the museum?

the shortest wayは「いちばんの近道」の意味。

- You just walk across the parking lot.
（その駐車場を越えていけばいいです）

これは何の列ですか？

What line is this?

「この列は美術館待ちですか？」はIs this line for the museum?と尋ねる。

- We are waiting for the museum to open.
（美術館が開くのを待っています）

チケットは必要ですか？

Do I need a ticket?

数人で行った場合は、Do we need tickets?と複数形で尋ねる。

- Yes, you do.
（はい、いります）

チケットはどこで買えますか？

Where do I buy a ticket?

Where can I get a ticket?と聞くこともできる。

- There's the ticket office over there.
（切符売り場があそこにあります）

入場料はいくらですか？

How much is the admission?

- It's five dollars per person.
  （1人5ドルです）

「入場料」はadmissionと言う。per personは「1人につき」の意味。

チケットを2枚ください

Two tickets, please.

- It'll be ten dollars.
  （10ドルになります）

文頭にCould I have...をつけるとていねいな表現になる。

何時から何時まで開いてますか？

What are the opening hours?

- We are open from ten to five.
  （10時から5時まで開いています）

「今夜は何時まで開いていますか？」は、How late are you open tonight?と聞く。

入ってもいいですか？

May I come in?

- Sure, do come in.
  （はい、どうぞお入りください）

do come inのdoは、意味を強調する働きをする。

見て回ってもいいですか？

May I look around?

- Yes, as you like.
  （はい、ご自由に）

as you likeは「お好きなように」の意味。

娯楽 ― [観光／ツアー]

これは何ですか？

What's this?

- It's an old stone with ancient letters on it.
(古代文字が書かれている古い石です)

> What is it?とも言える。ancientは「古代の」の意味。

その名前は何ですか？

What's it called?

- It's called the Rosetta Stone.
(ロゼッタストーンと呼ばれています)

> 「何と呼ばれていますか？」What's the name of it?とも聞くことができる。

どれくらい古いものですか？

How old is this?

- It's centuries old.
(何世紀も前のものです)

> centuriesはcentury（世紀）の複数形。

何世紀のものですか？

What century?

- It's eighteenth century.
(18世紀のものです)

> 文末に...is itが省略された表現。

いつごろの時代のものですか？

From what period is it?

- It's from the Stone Age.
(石器時代のものです)

> What period is it from?がフルセンテンス。periodは「時期、時代」

日本語版はありますか？

Any Japanese editions?

They are in that box.
（あの箱の中にあります）

> 日本語の説明書があるかどうかを尋ねる表現。「日本語のガイドブックはありますか？」は、Any Japanese guidebooks?と聞く。

1ついただけますか？

May I have one?

Go ahead and take it.
（はい、どうぞ）

> 「これをもらえますか？」はCan I take this?と言う。

写真を撮ってもいいですか？

Can I take pictures?

Sure, you can.
（はい、どうぞ）

> 「フラッシュは禁止です」No flash, please. と言われることもある。

ビデオを撮ってもいいですか？

Can I take video?

No problem.
（いいですよ）

> No problem.は「問題ない」ということ。

次はどこへ行きますか？

Where are we going next?

Next is Niagara Falls.
（次はナイアガラの滝です）

> 「まだ時間がありますか？」はIs there still some time left?と言う。「もう少し見てきていいですか？」は、May I go look a little longer?と聞く。

観光／ツアー▼観光地

娯楽 ——[映画／演劇]

近くに映画館はありますか？

Is there a movie theater nearby?

> 映画館はmovie theaterと言う。「映画を見たいのですが」は、I'd like to see a movie.と言う。

- Yes, there's one near the shopping mall.
（ショッピング街の近くにあります）

いちばん人気の映画は何ですか？

What's the most popular movies?

> 「人気のある」はpopularと言う。

- Asian movies, of course.
（何と言ってもアジア映画です）

最新作は何ですか？

What's the latest movie?

> latestは「いちばん最近の」の意味。「それは最近の映画ですか？」は、Is it the latest movie?と聞く。brand-new moviesは「できたての映画」のこと。

- These are all brand-new movies.
（すべて新作映画です）

その映画は何時に始まりますか？

When does the movie start?

> showはmovieのことを指している。

- The next show is two thirty.
（次は2時30分からです）

チケットを2枚ください

Two tickets, please.

> 文頭にCould I have...をつけるとていねいな表現になる。

- It'll be ten dollars.
（10ドルになります）

CD 67

演劇を見たいのですが

I'd like to see a play.

- Then how about Cats or The Phantom of the Opera?
 (キャッツかオペラ座の怪人はいかが？)

「ブロードウェイのショウを見たいのですが」と言うときは、I'd like to see a Broadway show.

「キャッツ」のチケットは取れる？

Can I get tickets for Cats?

- I think you can.
 (できると思います)

「希望の日にちはありますか？」Do you have a preferred date?、「希望の席はありますか？」は、Do you have a seat preferred? と言う。

コンサートに行きたいのですが

I'd like to go to a concert.

- What kind of music do you like?
 (どんな音楽がお好きですか？)

「クラシックコンサート」は classics concertsと言う。「ポピュラー音楽コンサート」は、pop music concertsと言う。

ショウは何時から始まりますか？

What time does the show start?

- It starts at eight o'clock.
 (8時から始まります)

「8時からのショウ」は、the eight o'clock show

今日のチケットはありますか？

Any tickets for today?

- There're two orchestra seats left.
 (オーケストラ席なら2席残っています)

文頭のAre there...が省略された表現。orchestra seatsはやや割高だが、オーケストラがいる前方のいい席。

映画／演劇

娯楽 — [スポーツ]

テニスがしたいのですが

I'd like to play tennis.

- They have a tennis court in that hotel.
（あのホテルの中にテニスコートがありますよ）

> 「テニスコートを予約したいのですが」はI'd like to reserve a tennis court.と言う。

ゴルフをしたいのですが

I'd like to play golf.

- I'm afraid there're no golf course around here.
（近くにゴルフコースはないのです）

> また「近くにゴルフコースがありますか？」は、Are there any golf courses nearby?と言う。

ダイビングがしたいのですが

I'd like to go diving.

- There's a diving school near here.
（ダイビングスクールが近くにあります）

> 「初心者コースをとりたいのですが」はI'd like to take a beginner's course.と言う。

スキーがしたいのですが

I'd like to go skiing.

- The ski resort is too far away.
（スキー場はかなり遠いですよ）

> 「スキーのレッスンを受けたいのですが」はI'd like to take ski lessons.と言う。

道具を借りられますか？

Can I rent the equipment?

- Yes, anything you want.
（はい、お望みのものを何でも）

> 「ラケットを借りられますか？」はCan I rent a racket?と言う。

施設は何時まで使えますか？

How late may we use the facilities?

- Until five o'clock.
（5時までです）

道具などを「本日中にお返しください」は、Please return it sometime today.と言う。返すときはHere you are. Thanks.と言って渡す。

施設を延長して使えますか？

May I stay and use the facilities longer?

- Sorry, we can't extend the time.
（延長はできません）

「1時間延長したいのですが」は、I'd like to extend the time one hour.と言う。

コラム11

本場の演劇・ミュージカルが観たい！

海外で本場の演劇やミュージカルを観るのも海外旅行の楽しみの1つです。旅行中に思い立った場合でも、座席によってはチケットが手に入ることがあります。まず直接劇場のチケット売場（box office）で尋ねるのがいちばんです。当日でも入手できる可能性が高いチケットは次のような席です。

orchestra seats（オーケストラ席）
partial view seats（舞台の一部がよく見えない席）

orchestra seatsは舞台前の一等席のことで、舞台前下に楽団がいることからそう呼ばれます。最も値段の高い席なので、ロングラン上映の場合など、少しなら余っていることがあります。

Two orchestra seats, please.

と言えばよいでしょう。

partial view seatsは舞台前方の真横あたりで舞台の一部が隠れて見えない席です。たいてい敬遠される席なので、残っている可能性が高いのです。

We don´t mind taking partial view seats.
（パーシャルビュー席でもかまいません）

と言って求めます。

スポーツ

旅の単語集 ⑥

娯　楽

1日ツアー	one day tour
映画	movie
映画館	movie theater
演劇	play/drama
オーケストラ席	orchestra seats
オペラ	opera
開場時刻	curtain time
ガイド	guide
外野席	upper deck
カジノ	casino
借りる	rent
観光	sightseeing
観光案内	sightseeing pamphlet
観光案内所	tourist information
キャンセル待ち	standby
休憩時間	intermission
競技場	stadium
劇場	theater
公園	park
ゴルフ	golf
ゴルフコース	golf course
コンサート	concert
最新の	the latest…
座席	seat
座席案内係	usher
座席図	seating chart
試合	game／match
市内観光	city tour
出発	departure
上映時間	show time
乗馬	horse riding
植物園	botanical garden
初日	opening
水族館	aquarium
スキー	skiing
スキー場	skiing resort
双眼鏡	binoculars
ダイビング	diving
ダフ屋	scalper
チケット	ticket
チケット売り場	box office
地図	map
ツアー	tour
ディスコ	disco
テニス	tennis
テニスコート	tennis court
展覧会	exhibition
動物園	zoo
特別行事	special event
ナイトクラブ	night club
内野席	club seats
２階正面席	mezzanine seats
入場料	admission
博物館	museum
博覧会	exposition
バルコニー席	balcony seats
パレード	parade
パンフレット	pamphlet
美術館	art gallery
広場	square
プール	swimming pool
フットボール	football
プログラム	program
前売券	advance ticket
祭り	festival
マラソン	marathon
ミュージカル	musical
野球	baseball
山登り	mountain climbing
遊園地	amusement park
予約	reservation
ライブショー	live performance
例年行事	annual event

掲　示　物

立ち入り禁止	Keep Out
禁煙	No Smoking
撮影禁止	No Photography
使用禁止	Not in Use
故障中	Out of Order
足元注意	Watch Your Step
手を触れないでください	Hands off, please
フラッシュ禁止	No flash, please

686 Phrases for Travel Abroad

8

トラブル対策

第 8 章

Help !

押し売り／紛失／盗難

病気／けが

交通事故

トラブル対策 − [押し売り／紛失／盗難]

いりません！

😊 Want some bags?
（バッグはいかが？）

No, thanks!

> No, I don't.と言ってもよい。押し売りされそうなときの強い断りの表現。

気をつけろ！

Watch out!

😊 Thank you.
（ありがとう）

> 「車に気をつけろ！」はWatch out for the car!と言う。「足元に気をつけて」はWatch your step!と言う。

やめてください！

😊 Hey, you...
（ねえ、あんた...）

Stop it!

> Cut it out!と言っても同じような意味になる。「近づかないで」はLeave me alone!と言う。かなりしつこい場合は「あっちに行け」Get lost.と言う。

助けて！

Help!

😊 What happened?
（何が起きたんですか？）

> Help me!の略。「助けが必要です」はI need some help.と言う。

警察を呼んで！

Call the police!

😊 Somebody call the police!
（誰か警察に電話を！）

> 「警察を呼ぶぞ」はI'll call the police.と言う。

警察に連れていってください

Take me to the police.

- I'll take you there.
  (私が案内します)

「警察に通報するぞ」はI'll report it to the police.と言う。

パスポートをなくしました！

- What's the matter?
  (どうしましたか？)

I lost my passport!

「カメラをなくしました！」はI lost my camera!と言う。

財布をなくしました！

- What seems to be the problem?
  (何が問題でしょうか？)

I lost my purse!

walletは「男性用の財布」、「女性用」はpurseと言う。

バッグがなくなりました！

My bag's gone!

- Where did you put it?
  (どこに置きましたか？)

My bag has gone!の省略形。

荷物が見つかりません！

My baggage is missing!

- Have you checked everywhere?
  (すべての場所を探しましたか？)

missingは「見当たらない、行方不明」の意味。

トラブル対策 －[押し売り／紛失／盗難]

遺失物取扱所はどこですか

Where's lost and found?

- It's that office over there.
（あそこのオフィスですよ）

> lost and foundは「なくした物と出てきた物」の意味。

泥棒だ！

Thief!

- Catch him!
（彼をつかまえて！）

> Snatcher!は「ひったくりだ！」

バッグを盗まれました！

My bag's been stolen!

- What's in it?
（何が入っていましたか？）

> bag's beenはbag has beenの省略形。

緊急事態です！

It's an emergency.

- What happened?
（何が起こったのですか？）

> emergencyは非常事態のこと。
> 「非常口」は、emergency exitと言う。

日本大使館に電話してください

Call the Japanese Embassy, please.

- OK, I'll get them for you.
（はい、私が電話します）

> I'll get themは「呼び出しましょう」の意味。

盗難届けを出します

I want to report a theft.
「盗難」はtheft、「泥棒」はthiefと言う。

Please fill in this form.
(この書類に記入してください)

日本語の話せる人をお願いします

What do you want?
(誰を呼ぶんですか?)

Japanese speaker, please.

Is there anyone who speaks Japanese?を簡潔に言った表現。

コラム12

なくしものをしたら

空港、構内、ホテル、デパート、タクシー内、駅、車内、観光スポットなどで、万一何かをなくした場合には、

Where's the lost and found?
(遺失物係りはどこですか?)

と聞いて、届けを出しましょう。

the lost and foundは「遺失物取扱所」のことです。イギリスでは the lost property office と呼びます。そこでは、何をなくしたかと自分の連絡先とを必ず伝えておきましょう。

I lost my camera.
(カメラをなくしました)

Has anyone turned in a camera?
(誰かカメラを届けていませんか?)

My name is Risa Sato.
(私は佐藤リサです)

I'm staying at the Big Hotel, the room number is ten fifty.
(ビッグホテルの1050号室に泊まっています)

If it should turn up, please call me.
(もし見つかったら、電話をください)

押し売り/紛失/盗難

トラブル対策 ——— [病気/けが]

気分が悪い

😊 You look pale.
（顔色が悪いですよ）

🗨 **I feel sick.**

> ❗「寒気がする」はI feel cold.、「めまいがする」はI feel dizzy.と言う。

頭が痛い

🗨 **I have a headache.**

😊 Can I get you some pills?
（薬をあげましょうか？）

> ❗「熱がある」はI have a fever.、「おなかが痛い」はI have a stomachache.と言う。

ここが痛みます

😊 What's wrong with you?
（どこが悪いのですか？）

🗨 **I have a pain here.**

> ❗痛いところを指さしながら言う表現。It hurts here.とも言える。

右足をねんざしました

😊 What happened to you?
（どうしたのですか？）

🗨 **I sprained my right ankle.**

> ❗「左足の骨を折りました」はI broke my left leg.と言う。「人差し指を切りました」はI cut my index finger.と言う。

薬はありますか？

🗨 **Any medicine?**

😊 I have only headache pills.
（頭痛薬しか持ってません）

> ❗文頭のDo you have...が省略された表現。

近くに薬局はありますか？

Is there a drugstore nearby?

- No, not that I know of.
（いいえ、私の知る限りではありません）

「薬局」はdrugstoreと言う。

応急処置をしてください

First aid, please.

- OK, stay where you are.
（はい、そこにいてください）

Give first aid to me, please. と言うと正確に伝わる。a first-aid kitは「救急箱」のこと。

お医者さんを呼んでください

A doctor, please.

- All right.
（わかりました）

文頭のCall...が省略された表現。「病院まで連れていってください」はTake me to a clinic, please.と言う。hospitalは一般に入院をする病院。

救急車を呼んでください

Call an ambulance, please.

- Is it that serious?
（そんなに重症ですか？）

「緊急事態です」はIt's an emergency!と言う。

少しよくなりました

- How are you feeling?
（気分はどうですか？）

I feel a little better.

「少し悪くなりました」はI feel a little worse.と言う。

病気／けが

トラブル対策 —[病気／けが／交通事故]

今は大丈夫です

I'm fine now.

- Are you sure?
（本当ですか？）

> I feel fine now.と言うこともできる。

旅行を続けていいですか？

May I continue my trip?

- Yes, you may but take good care of yourself.
（体を十分にいたわってくださるなら）

> Can I continue to travel?と聞くこともできる。

診断書をください

Medical certificate, please.

- All right. Just a moment.
（わかりました。少々お待ちを）

> 文頭にCould I have a...をつけるとていねいな表現になる。

交通事故にあいました

I had a traffic accident.

- Where are you calling from?
（今どこから電話していますか？）

>「交通事故を見ました」と言うときは、I saw a traffic accident.と伝える。

警察に連絡してください

- What can I do for you?
（何かできることは？）

Report it to the police, please.

>「警察を呼んでください」はCall the police, please.と言う。

私の責任ではありません

- Who's to blame?
  (誰のせいですか？)
- **It's not my fault.**

文末に...for the accident (この事故は) が省略された表現。blameは「責任を負わせる」の意味。faultは「責任」

事故証明書をください

- **Accident report, please.**
- Sure.
  (はい)

文頭にCould I have an... をつけるとていねいな表現になる。

コラム 13

海外でワインをかっこよく注文するには

日本人にとって今やワインは日常に欠かせない存在になっているようです。海外旅行での食事の際、ワインを注文する人も多いことでしょう。生産国で飲むワインなどは、ひと味もふた味も違っておいしいはずです。

しかしせっかく本場で飲むワインも、注文するときに White wine, please.や Red wine, please. と言ったのではあまりスマートではありません。通の (通ぶった) ワインの頼み方を覚えておきましょう。

好みのぶどうの品種を言って注文します。
白ワインなら、たとえば次のように頼みます。

(I'd like a) glass of Chardonnay, please.
(シャルドネをグラスでください)

Chardonnayは世界の白ワイン用ぶどうの代表的な品種です。
また、赤ワインなら、たとえば次のように頼みます。

(We'd like a) bottle of Cabernet Sauvingnon, please.
(カベルネ・ソーヴィニョンをボトルでください)

Cabernet Sauvingnon は赤ワイン用ぶどうとして世界で最も高く評価されている品種です。そのほか好みのぶどう品種を見つけておいて、ワイン通のように注文してみてはいかがですか？

旅の単語集 ⑦

押し売り/紛失/盗難

遺失物取扱所	lost and found
落とし物	lost article
火事	fire
金	money
カメラ	camera
救急車	ambulance
緊急	emergency
クレジットカード	credit card
警官	policeman
警察署	police station
交通事故	traffic accident
再発行	reissue
財布（女性用）	purse
財布（男性用）	wallet
詐欺	swindle
事故	accident
スーツケース	suitcase
スリ	pickpocket
助けて	Help!
手荷物	baggage
盗難	theft
盗難届け	robbery report
トラベラーズチェック	traveler's checks
泥棒	thief/robber
なくした	lost
日本大使館	Japanese Embassy
盗まれた	be stolen
パスポート	passport
非常口	emergency exit
ひったくり	snatcher
麻薬	drug
身分証明書	ID card
問題	problem
酔っ払い	drunk

病気/けが

アスピリン	aspirin
アレルギー	allergy
医者	doctor
痛い	hurt
痛み止め	pain reliver
風邪をひく	catch a cold
花粉症	hay fever
看護婦	nurse
患者	patient
薬	medicine
けが	injury
血液型	blood type
下痢	diarrhea
健康保険	health insurance
高血圧	high blood pressure
骨折	fracture
寒気がする	feel cold
錠剤	tablet
消毒薬	disinfectant
食あたり	food poisoning
食欲がない	no appetite
処方せん	prescription
診察	see a doctor
じんましん	hives
頭痛	headache
生理	period
咳	cough
ぜんそく	asthma
伝染病	contagious
入院する	stay in the hospital
熱がある	have a fever
ねんざ	sprain
のどが痛い	have a sore throat
歯痛	toothache
鼻がつまる	stuffy
病院	hospital
病気	illness
副作用	side effects
腹痛	stomachache
虫歯	bad tooth
めまいがする	feel dizzy
もどす	throw up
やけど	burn
薬局	pharmacy
横になる	lie down

衣服サイズ変換表
Clothing Size Comparison

●For Women

服 dress size	日本	6号	7号	9号	11号	13号	15号	17号
	米式	6	8	10	12	14	16	18
	英式	30	32	34	36	38	40	42
	欧州	34	36	38	40	42	44	46

※ブラウス・セーターはこれより大きめに換算します

靴下 stocking size	日本	22.5cm	23cm	23.5cm	24cm	24.5cm	25cm	25.5cm
	英米式	9	9	9 1/2	9 1/2	9 1/2	10	10
	欧州	22 1/2	23	23 1/2	24	24 1/2	25	25 1/2
	日本	26cm	26.5cm	27cm	27.5cm	28cm	28.5cm	29cm
	英米式	10	10 1/2	10 1/2	11	11	11	11 1/2
	欧州	26	26 1/2	27	27 1/2	28	28 1/2	29

靴 shoe size	日本	22.5cm	23cm	23.5cm	24cm	24.5cm	25cm	25.5cm
	米式	5	5 1/2	6	6 1/2	7	7 1/2	8
	英式	4	4 1/2	5	5 1/2	6	6 1/2	7
	欧州	35	36	37	38	39	40	41
	日本	26cm	26.5cm	27cm	27.5cm	28cm	28.5cm	29cm
	米式	8 1/2	9	9 1/2	10	10 1/2	11	11 1/2
	英式	7 1/2	8	8 1/2	9	9 1/2	10	10 1/2
	欧州	42	43	44	45	46	47	48

※靴・靴下のサイズは男女兼用です

●For Men

ワイシャツ shirt size	日本	36cm	37cm	38cm	39cm	40cm	41cm	42cm	43cm
	英米式	14	14 1/2	15	15 1/2	16	16 1/2	17	17 1/2
	欧州	36	37	38	39	40	41	42	43

上着 jacket size	日本	S		M		L		LL	
	英米式	34	36	38	40	42	44	46	48
	欧州	42	44	48	50	52	54	56	58

帽子 hat size	日本	53cm	54cm	55cm	56cm	57cm	58cm	59cm	60cm
	英米式	6 1/2	6 3/4	6 7/8	7	7 1/8	7 1/4	7 3/8	7 1/2
	欧州	53	54	55	56	57	58	59	60

※表のサイズはおおよその目安です。必ず試着してから購入しましょう

電話での話し方

もしもし	Hello.
こちらは小川恵です	This is Megumi Ogawa.
マリーさんをお願いします	Mary, please.
1223号室をお願いします	Room twelve twenty-three, please.
お電話をいただいたそうで	I'm returning your call.
お電話をありがとうございました	Thank you for calling.
佐々木さんにご紹介いただいた小川です	My name is Ogawa. We were introduced by Mr./Ms.Sasaki.
何時ごろお帰りですか?	What time will he/she return?
8時にお電話するお約束だったのですが	I had promised to call at eight o'clock.
電話があったことを伝えてください	Please tell him/her that I called.
電話をください	Please call me.
グランドホテルの1234号室にいます	I'm in room twelve thirty-four at the Grand Hotel.
電話をお待ちしています	I'm expecting your call.
またかけます	I'll call again.
ちょっと待ってください	Hold on, please.
もう1度言ってください	Pardon?
大きな声でお願いします	More loudly, please.
番号を間違えました	I'm sorry, I've got the wrong number.
国際電話をお願いします	Overseas call, please.
日本に電話をかけたいのですが	Call to Japan, please.
コレクトコールにしてください	Make it collect, please.

電話のかけ方

海外への直通電話のかけ方
How to call overseas direct

●東京からアメリカ・ニューヨーク (0212) 123-4567へかける場合

アクセス番号 access number		アメリカの 国番号 country code	ニューヨークの 地域番号 area code		相手先の番号 local number
□□□□	―	1	212	―	123-4567

固定電話　　　　　携帯電話　　　　　　　　　※市外局番の
NTT 0033-010　　NTT 010　　　　　　　　最初の「0」は除く
KDDI 001-010　　 au 001-010
フレッツ IP電話 010　Soft Bank 010

海外から日本への直通電話のかけ方
Japan direct from overseas

●イギリスから東京 (03) 1234-5678へかける場合

イギリスの 国際電話識別番号 access number		日本の 国番号 country code		東京の 地域番号 local number		相手先の番号 local number
00	―	81	―	3	―	123-4567

※市外局番の最初の「0」は除く

国番号／識別番号一覧

地域	国名	国番号	識別番号	地域	国名	国番号	識別番号
ヨーロッパ	イギリス	44	00	オセアニア	オーストラリア	61	0011
ヨーロッパ	フランス	33	00	オセアニア	ニュージーランド	64	00
ヨーロッパ	ドイツ	49	00	南米	ブラジル	55	00
ヨーロッパ	イタリア	39	00	アフリカ	エジプト	20	00
ヨーロッパ	スイス	41	00	アジア	中国	86	00
ヨーロッパ	スペイン	34	00	アジア	香港	852	00
ヨーロッパ	オランダ	31	00	アジア	韓国	82	00
ヨーロッパ	ギリシャ	30	00	アジア	インド	91	00
ヨーロッパ	ロシア連邦	7	810	アジア	インドネシア	62	001
北米	アメリカ	1	011	アジア	マレーシア	60	00
北米	カナダ	1	011	アジア	シンガポール	65	001
北米	ハワイ	1	011	アジア	タイ	66	001
北米	グアム	1	001	アジア	日本	81	001

主要都市の気候
The climate of major cities in the world

地域 Area	都市名 City			1月 Jan.	2月 Feb.	3月 Mar.	4月 Apr.	5月 May.	6月 Jun.
日本 Japan	東京 Tokyo	気温 湿度 降水量	℃ % mm	5.2 50 45.1	5.6 52 60.4	8.5 56 99.5	14.1 63 125.0	18.6 66 138.0	21.7 73 185.2
ヨーロッパ Europe	ロンドン London	気温 湿度 降水量	℃ % mm	3.8 92 77.7	4.0 86 51.2	5.8 80 60.1	8.0 83 54.1	11.3 78 55.4	14.4 78 56.8
	パリ Paris	気温 湿度 降水量	℃ % mm	3.5 89 54.3	4.2 83 46.0	6.6 78 53.6	9.5 75 44.9	13.2 73 63.2	16.3 72 57.2
	マドリード Madrid	気温 湿度 降水量	℃ % mm	6.1 77 46.4	7.4 71 46.1	10.0 62 33.1	12.2 61 53.3	16.0 50 41.1	20.7 48 26.5
	ミュンヘン Muenchen	気温 湿度 降水量	℃ % mm	-1.7 89 53.5	-0.4 83 51.5	3.4 78 56.5	7.5 71 75.5	12.2 75 107.3	15.4 72 129.2
	ローマ Roma	気温 湿度 降水量	℃ % mm	8.0 78 80.3	8.8 80 75.0	10.6 72 63.2	13.4 76 50.4	17.3 79 41.0	21.0 74 20.6
	ストックホルム Stockholm	気温 湿度 降水量	℃ % mm	-2.9 88 37.4	-3.0 83 26.1	0.0 74 26.0	4.4 71 30.4	10.5 65 30.5	15.5 65 46.8
	モスクワ Moskva	気温 湿度 降水量	℃ % mm	-9.2 80 45.0	-7.7 76 36.7	-2.5 73 34.4	5.4 67 41.2	13.2 64 58.3	16.6 63 77.0
北米 North America	ニューヨーク New York	気温 湿度 降水量	℃ % mm	-0.2 65 76.6	0.7 67 72.7	5.3 62 91.5	10.8 59 96.2	16.6 59 96.4	21.7 59 91.1
	サンフランシスコ San Francisco	気温 湿度 降水量	℃ % mm	9.2 77 110.5	11.1 73 80.6	11.9 69 77.7	13.1 68 34.8	14.5 68 4.9	16.2 67 2.8
	バンクーバー Vancouver	気温 湿度 降水量	℃ % mm	3.0 88 149.6	4.7 86 123.4	6.3 80 108.9	8.8 78 75.6	12.1 76 61.7	15.1 76 45.7
	ホノルル Honolulu	気温 湿度 降水量	℃ % mm	22.7 70 90.1	22.8 68 57.1	23.6 69 55.6	24.3 67 39.2	25.3 65 35.1	26.3 61 12.8
	グアム Guam	気温 湿度 降水量	℃ % mm	25.0 82 137.5	25.1 82 129.9	25.3 83 140.3	26.1 81 124.6	26.5 82 187.2	26.6 83 155.5
南米 South America	リオデジャネイロ Rio de Janeiro	気温 湿度 降水量	℃ % mm	26.3 78 155.8	26.6 76 139.9	26.0 76 131.4	24.5 77 119.7	22.9 77 80.9	21.7 76 51.8
アフリカ Africa	カイロ Cairo	気温 湿度 降水量	℃ % mm	13.9 60 5.4	15.3 55 3.3	17.7 50 4.7	21.6 45 1.6	24.8 40 0.3	27.7 44 0.0
オセアニア Oceania	シドニー Sydney	気温 湿度 降水量	℃ % mm	22.6 70 115.1	22.7 70 112.5	21.4 69 147.5	18.8 69 120.5	15.7 67 88.0	13.1 66 128.2
	オークランド Auckland	気温 湿度 降水量	℃ % mm	19.4 79 72.7	19.7 81 77.7	18.7 80 81.3	16.3 81 93.7	13.6 83 102.0	11.6 87 121.4
アジア Asia	北京 Beijing	気温 湿度 降水量	℃ % mm	-4.3 44 2.7	-1.9 49 5.9	5.1 51 9.1	13.6 51 26.5	20.0 54 28.8	24.2 62 70.8
	香港 Hong Kong	気温 湿度 降水量	℃ % mm	15.8 66 23.5	15.9 77 48.0	18.5 80 67.0	22.1 84 161.5	25.9 79 316.7	27.8 82 384.3
	ソウル Seoul	気温 湿度 降水量	℃ % mm	-3.4 64 22.9	-1.1 64 24.6	4.5 63 46.7	11.8 61 93.7	17.4 65 92.0	21.5 72 133.8
	バンコク Bangkok	気温 湿度 降水量	℃ % mm	26.5 69 8.4	28.1 75 24.7	29.4 75 27.5	30.5 76 65.2	29.8 80 220.1	29.3 79 147.3
	ニューデリー New Delhi	気温 湿度 降水量	℃ % mm	14.2 58 16.7	16.9 54 19.3	22.4 40 15.2	28.7 31 14.7	32.4 30 23.8	33.5 41 68.6

1961～1990を統計期間とします（ただし、湿度は1961～1967を統計期間とします）
表の気候はおよその目安です

主要都市の気候

7月 Jul.	8月 Aug.	9月 Sep.	10月 Oct.	11月 Nov.	12月 Dec.	年平均(総降水量)	備考 Notes
25.2	27.1	23.2	17.6	12.6	7.9	15.6	
76	73	73	67	61	54	64	
126.1	147.5	179.8	164.1	89.1	45.7	(1405.3)	
16.5	16.2	13.8	10.8	6.7	4.7	9.7	年間を通じて多湿。夏は涼しい。
78	81	85	88	90	92	84	9月ごろから冷えこみ、冬は寒い。
45.0	55.3	67.5	73.3	79.6	76.6	(752.6)	
18.4	18.0	15.3	11.4	6.7	4.2	10.6	夏は短く、冬は寒いので、
70	72	78	85	88	87	79	防寒具が必要。
53.7	51.5	53.6	58.2	56.2	55.5	(617.9)	
24.4	23.8	20.4	14.8	9.4	6.4	14.3	夏は空気が乾燥し過ごしやすい。
40	40	53	68	74	77	60	冬はとても寒い日がある。
12.9	8.9	30.8	45.1	65.1	51.7	(461.0)	
17.5	16.8	13.6	8.6	3.1	-0.5	8.0	夏でも寒い日がある。4〜6月、
69	71	76	82	84	89	79	9〜10月も冷えこみは厳しい。
116.2	116.5	78.6	57.2	63.7	59.5	(965.2)	
23.6	23.8	21.0	16.8	12.4	9.1	15.5	夏は雨量が少なく、空気が乾燥
73	75	76	80	78	79	78	している。
14.6	35.2	75.6	95.3	105.0	90.7	(746.9)	
17.1	16.1	11.8	7.4	2.5	-1.3	6.5	冬は厚手の上着で防寒が必要。
69	75	78	83	86	88	76	夏の日中は夏服で十分。
71.0	64.3	52.9	50.3	53.3	46.1	(535.1)	
18.2	16.3	10.9	5.0	-1.4	-6.1	4.9	夏でも朝夕は冷えこむので、
69	74	78	79	82	82	74	上着を準備。
92.3	74.3	63.8	58.3	57.1	53.2	(691.6)	
24.7	24.1	20.1	14.1	8.6	2.5	12.4	夏は湿度が低く過ごしやすいが、
61	66	67	64	66	71	64	冬の寒さは厳しい。
103.4	94.9	86.2	76.8	96.6	86.4	(1068.8)	
17.1	17.6	17.8	16.1	12.6	9.5	13.9	年間を通して温暖。霧が出ると、
68	68	65	64	73	81	71	夏でも肌寒い。
0.9	1.5	7.6	31.0	70.7	78.6	(501.6)	
17.2	17.4	14.3	10.0	6.0	3.4	9.9	夏でも涼しい。
77	79	83	88	89	90	82	山岳部は1日の気温差が大きい。
36.1	38.0	64.4	115.1	169.7	178.4	(1166.6)	
27.0	27.5	27.2	26.5	25.1	23.4	25.1	冷房対策に厚めの上着を
61	61	61	64	67	70	66	準備するといい。
15.0	11.1	19.8	53.7	76.0	96.4	(561.9)	
26.3	26.1	26.2	26.2	26.2	25.8	26.0	1年中雨量は多く、気温は高い。
79	89	89	89	86	85	83	
294.9	375.0	379.7	336.5	225.2	166.9	(2652.7)	
21.3	21.8	22.0	22.8	24.0	25.3	23.8	年間を通じて温暖で、
75	74	74	76	77	76	75	気温の変化も少ない。
52.3	51.6	67.1	89.1	97.2	150.1	(1186.9)	
28.0	27.9	26.5	23.9	19.3	15.1	21.8	気温の差が大きい。
51	55	58	58	61	62	53	夏でも夜になると冷えこむ。
0.0	0.0	0.0	0.7	3.0	5.3	(24.3)	
12.2	13.2	15.5	18.0	19.7	21.7	17.9	年間を通じて過ごしやすい。
60	64	61	66	62	68	64	
54.3	89.9	60.2	78.5	101.1	80.7	(1176.5)	
10.8	11.5	12.8	14.3	16.1	18.0	15.2	寒暖の差が小さく、1年中涼しい。
86	85	84	78	77	77	81	冬は雨具の準備を。
122.9	111.9	93.0	80.1	81.2	86.2	(1124.1)	
25.9	24.6	19.6	12.7	4.3	-2.3	11.8	冬は防寒具が必要。
78	81	72	66	61	51	60	夏でも朝夕は冷えこむ。
175.7	182.1	48.8	19.0	6.2	2.3	(577.9)	
28.8	28.4	27.6	25.2	21.4	17.6	22.9	1年を通じて温暖。夏は降水量が
80	80	77	73	72	69	77	多いので雨具を準備。
323.2	391.4	299.7	144.9	35.1	27.9	(2223.2)	
24.6	25.4	20.6	14.3	6.6	-0.4	11.8	冬は1日の気温差が大きい。
81	79	73	67	66	66	68	夜は夏でも気温が落ちる。
369.1	293.9	168.9	49.4	35.1	21.7	(1369.8)	
28.9	28.7	28.4	28.2	27.4	26.1	28.4	5〜10月は雨期に入る。
80	82	84	83	78	74	78	年間を通して暑い。
156.1	196.8	344.4	240.9	50.6	10.4	(1492.4)	
30.9	29.7	29.2	26.2	20.6	15.5	25.0	昼夜の気温差が大きい。
67	75	67	51	55	61	53	冬の夜は厚手の上着を。
225.0	254.2	124.5	16.5	6.3	11.1	(795.9)	

世界各国の時差早見表
International Time Difference

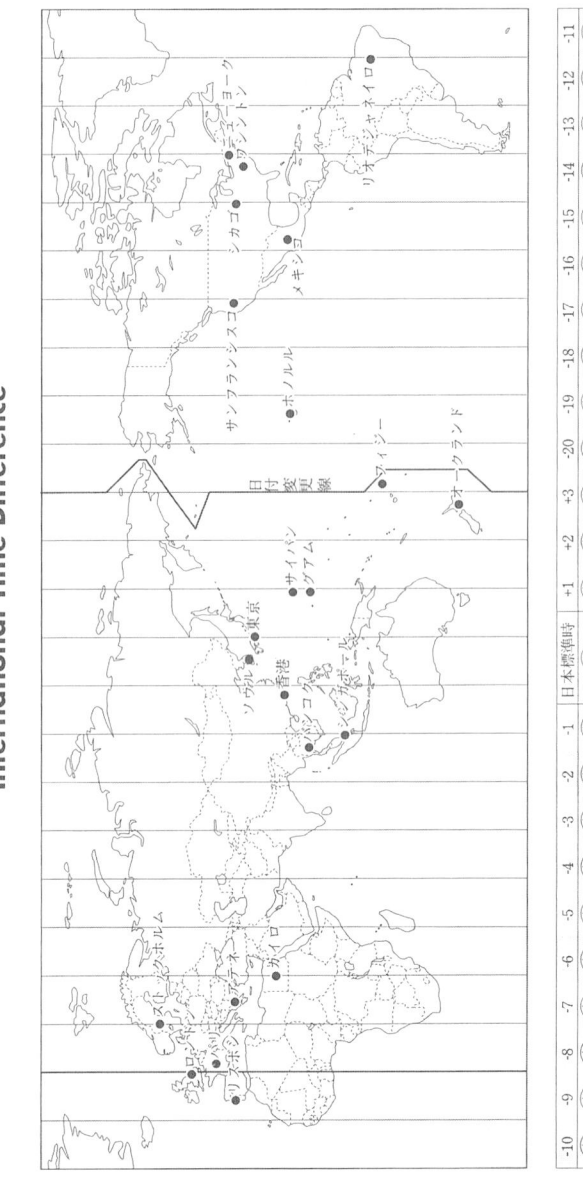

-10	-9	-8	-7	-6	-5	-4	-3	-2	-1	日本標準時	+1	+2	+3	-20	-19	-18	-17	-16	-15	-14	-13	-12	-11
14時	15時	16時	17時	18時	19時	20時	21時	22時	23時	24時	1時	2時	3時	4時	5時	6時	7時	8時	9時	10時	11時	12時	13時

世界各国の時差早見表

15	16	17	18	19	20	21	22	23	24	1	2	3	4	5	6	7	8	9	10	11	12	13	14
16	17	18	19	20	21	22	23	24	1	2	3	4	5	6	7	8	9	10	11	12	13	14	15
17	18	19	20	21	22	23	24	1	2	3	4	5	6	7	8	9	10	11	12	13	14	15	16
18	19	20	21	22	23	24	1	2	3	4	5	6	7	8	9	10	11	12	13	14	15	16	17
19	20	21	22	23	24	1	2	3	4	5	6	7	8	9	10	11	12	13	14	15	16	17	18
20	21	22	23	24	1	2	3	4	5	6	7	8	9	10	11	12	13	14	15	16	17	18	19
21	22	23	24	1	2	3	4	5	6	7	8	9	10	11	12	13	14	15	16	17	18	19	20
22	23	24	1	2	3	4	5	6	7	8	9	10	11	12	13	14	15	16	17	18	19	20	21
23	24	1	2	3	4	5	6	7	8	9	10	11	12	13	14	15	16	17	18	19	20	21	22
24	1	2	3	4	5	6	7	8	9	10	11	12	13	14	15	16	17	18	19	20	21	22	23
1	2	3	4	5	6	7	8	9	10	11	12	13	14	15	16	17	18	19	20	21	22	23	24
2	3	4	5	6	7	8	9	10	11	12	13	14	15	16	17	18	19	20	21	22	23	24	1
3	4	5	6	7	8	9	10	11	12	13	14	15	16	17	18	19	20	21	22	23	24	1	2
4	5	6	7	8	9	10	11	12	13	14	15	16	17	18	19	20	21	22	23	24	1	2	3
5	6	7	8	9	10	11	12	13	14	15	16	17	18	19	20	21	22	23	24	1	2	3	4
6	7	8	9	10	11	12	13	14	15	16	17	18	19	20	21	22	23	24	1	2	3	4	5
7	8	9	10	11	12	13	14	15	16	17	18	19	20	21	22	23	24	1	2	3	4	5	6
8	9	10	11	12	13	14	15	16	17	18	19	20	21	22	23	24	1	2	3	4	5	6	7
9	10	11	12	13	14	15	16	17	18	19	20	21	22	23	24	1	2	3	4	5	6	7	8
10	11	12	13	14	15	16	17	18	19	20	21	22	23	24	1	2	3	4	5	6	7	8	9
11	12	13	14	15	16	17	18	19	20	21	22	23	24	1	2	3	4	5	6	7	8	9	10
12	13	14	15	16	17	18	19	20	21	22	23	24	1	2	3	4	5	6	7	8	9	10	11
13	14	15	16	17	18	19	20	21	22	23	24	1	2	3	4	5	6	7	8	9	10	11	12
14	15	16	17	18	19	20	21	22	23	24	1	2	3	4	5	6	7	8	9	10	11	12	13

都市名：ロスアンゼルス／バンクーバー／アンカレジ／パペーテ／ホノルル／東京／香港／ソウル／バンコク／ダッカ／カラチ／ドバイ／モスクワ／オスロ／パリ／ロンドン／サンフランシスコ／メキシコシティ／ニューヨーク／サンチャゴ／リオデジャネイロ

- 前日にあたる部分
- 翌日にあたる部分

OTHER: +1 シドニー　メルボルン　　−7 ヘルシンキ　アンカラ　ケープタウン
　　　　−1 北京　台湾　クアラルンプール　−8 マドリード　ミュンヘン

●夏時間採用期間中は、次の時間より1時間早くなります。
●+記号は日本より遅い時差を、−記号は日本より早い時差を表します。

索引

あ
- 合鍵●94
- アイスクリーム●120
- 相席●129
- 開いていますか?●103
- 会えてうれしい●16、19
- 会えてよかった●18
- 温めて●126
- 頭が痛い●164
- 暑い●95
- あとで来て●83
- あなたもね●13
- ありがとう●13、14
- ありがとう（ていねい）●15
- ありがとう（電話をくれて）●93
- 歩いて行ける?●30
- 案内所●45

い
- いいえ●10
- いい旅行を●19
- 行き方●29、46、66
- いくつめ?●57
- いくらあげましょう?（チップを）●87
- いくらですか?●25、56、59、148
- いくらですか?（合計で）●26、139
- いくらですか?（タクシーで）●46
- いくらですか?（バスで）●46
- 遺失物取扱所●162
- 医者●165
- 急いで●53、117、124
- 痛い●164
- 1ドル札●25
- 一緒に●18、23
- 意味がわかりません●20
- いらない●160
- 入口●29

う
- 売り場●132
- うるさい●94

え
- エアコンが効かない●95
- エアコンつき?●63
- 映画●37
- 映画館●154
- 英語を話せます●20
- ええっと●21
- 駅はどちら?●28、30、61
- 演劇●154
- 延長●157

お
- おいしい●119、121
- オイル点検●67
- 応急処置●165
- 往復切符●61
- 多い（料金が）●27
- 大きな声で●92
- 多く取られました●27
- お元気で●19
- おかわり●121
- お勧めツアー●147
- お勧め料理●112、115
- 遅い（料理が）●124
- お釣りが足りない●123
- お釣りが違う●27、141
- お釣りは取って●54、123
- 落とした●63
- 落とした（フォークを）●126
- 同じ料理をください●115
- お願いします●10、133
- おはよう●11
- おまけして●139
- オムレツ●108
- 思います●21
- 思いません●21
- おやすみ●11
- 折り返し●92
- 降ります●97
- オレンジジュース●34、107

降ろして●53

か
カート●41
会計●122
解散●149
開始時間●154
階数●97
外線●84
書いて●20
開店時間●132
ガイド●147
鍵●80、84
各駅か急行か●60
ガソリン●67
ガソリンスタンド●67
片付けて●126
片道切符●61
軽い食べ物●110
観光●40
観光案内●146
観光案内所●146
勘定書き●114

き
聞こえません●91
生地●137
貴重品●84
切手●89
切符●56
切符売り場●58、61
機内食●72
機内販売●37
機内持ち込み●72
気分が悪い●38、164
決まっていません●110
キャンセル●103
休暇で●16
救急車●165
郷土料理●102、112

魚介類●111
気をつけて●160
禁煙席●71、106
緊急事態●162
銀行●29

く
空港まで●52
偶然●19
くずして●25
薬●38、164
果物●120
車を借りたい●64
クレジットカードでいい？●123、140
クレジットカードで払います●26、78
クレジットカードにつけて●66、68

け
警察●161、166
警察を呼んで●160
軽食●105
結構です●10、35、121
元気です●12
元気ですか？●11
現金で払います●26
現金にして●24、88
現地時間●39

こ
交換して●143
航空会社の窓口●45、70、73
航空便●89
公衆電話●29
紅茶●35、107、121
交通事故●166
コースメニュー●111
コーヒー●35、117、120
コーラ●127
国際電話●93
国際免許証●64
ここはどこ？●28

小銭にして●25
こちらこそ●14
こちらは〜です●16
5ドル札●25、88
来ない（料理が）●124
コピー●87
ごめんなさい●15
ゴルフ●156
コレクトコール●93
これです●65、80
これは何？●112、152
これをください●114、127、138
壊れています●37、142
コンサート●155
こんにちは●11
こんばんは●11

さ
サービス料●122
再確認●68
最新作●154
サイズ（服）●135
サイズ（料理）●128
サイズが合わない●136
サイズを直して●137
サイズを測って●135
財布がない●161
魚料理●113
先にどうぞ●97
先払い、後払い？●67
酒●42
雑誌●36
さようなら●13
サラダ●112,116
皿を替えて●125
触ってもいい？●134

し
シートを倒して●33
シートを立てて●33

塩を取って●129
時間延長●78
時刻表●61
事故証明書●167
仕事●40
試着●136
試着室●136
してもいいですか？●21
自動販売機●86
市内観光●146
市内行き●56、57
品物が違う●143
支払いできますか？●26
自慢料理●112
締め出された●94
ジャケット●134
車種●64
写真を撮って●23
写真を撮らせて●22、153
車両●63
集合場所●149
住所●18、23
住所（ホテルの）●86
10ドル札●24、88
出身地●17
出発●71
出発時間●4、3、59、71、149
食事つき？●148
食堂●86
所持金●43
女性用●135
ショッピング街●132
所用時間●147
シングル●76
申告●42
診断書●166
新品●135
新聞●36

す
- スキー●156
- すぐ食べられるもの●110
- スクランブル●108
- スコッチ●109
- スペル●92
- 済みました●34、119
- すみません●14、133、138
- 済んでいません●35、119

せ
- 税関●42
- 請求しすぎ●55
- 税金●26
- セール中●134
- 責任はありません●167
- 席は空いてる？●129
- 席はどこ？●32
- 席を替わって●33
- 洗濯物●83

そ
- 走行距離●65
- その部屋にします●77
- それで全部です●139

た
- 滞在期間●40
- 大丈夫●166
- ダイビング●156
- 高すぎます●138
- タクシー●50
- タクシー乗り場はどこ？●28、50
- タクシーを呼んで●50、99
- 出して●33
- 助けて●160
- 頼んでいます●133
- 食べ方●118
- 誰？●82、91
- 男性用●134

ち
- チェックアウト●81、98
- チェックイン●80
- 地下鉄●30、60
- 近道●150
- チケット●150
- 地図●146
- チップ●87、122
- チャンネル●37
- 駐車●66
- 昼食●104
- 注文●114、117
- 注文していない●124
- 注文の仕方●127
- 朝食つき●77
- 朝食の時間●85
- 朝食の場所●86
- 朝食を部屋で●86

つ
- ツアー●146
- 追加料金●79
- ツイン●81
- 通路側の席●32
- 疲れぎみです●12
- 次の便●73
- 次はどこ？●153
- 連れを探す●106

て
- 停留所●57
- できあがり時間●83
- 出口●29
- デザート●117、120
- テニス●156
- デパート●132
- 電気がつかない●95
- 電子メール●88
- 電車●63
- 電話●84
- 電話番号●18

電話をください●91

と
トイレがつまった●96
トイレはどこ？●28、118
どう行く？●29、46、66
どういたしまして●14
当日チケット●155
搭乗口●43
搭乗ゲート●71
搭乗時間●71
搭乗手続き●45、70
到着時間●39
盗難届け●163
遠いですか？●30
通して●33
読書灯●37
特別メニュー●111
どこから来たの？●17
どこで降りる？●57
どこを飛んでる？●39
どちらまで？●18
どのチャンネル？●37
止まって●53
友だち●16、69
トラベラーズチェックでいい？●27、140
トランク●51
取り替えて●96
ドルに替えて●24、45
トレーを下げて●35
ドレッシング●116
泥棒●162
どんな〜がある？●37
どんなもの？●113

な
内線●89
ナイフとフォーク●128
直して●96
なくした●161

何が入ってる？●113
何時代？●152
何通り？●28
名乗る●90
名前は？●16
名前は？（ものの）●152
生ビール●108
生焼け●125
何時から？●104
何時間かかる？●147
何世紀？●152
何ですか？●10、91
何分かかる？●30、52、56

に
似合う？●136
2箇所に止まって●53
肉料理●113
日数●65、76
日本円●27,140
日本から来ました●16
日本語の話せる人●163
日本語版●153
日本人のガイド●147
日本大使館●162
日本へ送って●142
日本料理●102
荷物受け取り所●41
荷物回転台●41
荷物がない●161
荷物が見つからない●41
荷物の個数●70、98
荷物を預かって●36、87、99
荷物を置く●36
荷物を流す●44、73
荷物を運んで●46
荷物を戻して●87
入国審査●39
入場料●151

人気映画●154
人数●51、104

ぬ ね
盗まれた●162
ネクタイ●103
値段●25
ねんざ●164

の
乗ってもいい？●51
飲み物●104
飲み物（機内）●34
乗り遅れ●73
乗り換え●58
乗り換え切符●60
乗り過ごし●58
乗り捨て●66
乗り違え●58
乗り継ぎ●72
乗り継ぎ客●43
乗り継ぎ窓口●43

は
バー●104
はい●10
はいください●107
入ってもいい？●151
箸●126
初めて？●17
場所を空けて●129
バス停●47、56
パスポート●40
パスポートがない●161
バッグがない●161
話せて楽しかった●19
ハムエッグ●108
パン●118
半日のツアー●147
ハンバーガー●128

ひ
ビーフ●34
ビール●34
ビデオを撮ってもいい？●153
1つください●153

ふ
ファックス●87
フォーム●62
服装の規則●103
不審人物●96
2つにしてください●115
ブラック●121
フラッシュ●22
プレゼント●42
風呂の栓が締まらない●95

へ
閉店時間●132
ベッド●81
ベッドの追加●81
ベッドを直して●83
別の（ナイフ）●126
別料金●79
部屋につけて（支払いを）●82、123
部屋を替えて●94
返金して●143
返品●142

ほ
包装●142
ポーター●46、81、98
保険●65
ボタンを押して●22
ホットドック●128
ホテルまで●51
ホテルをほめる●99

181

ま
またね●13
待ち時間●105
待って●21
待って（10分）●54
待って（エレベータ）●97
待って（電話）●68、92
窓●63
窓側の席●32、69、70
窓際の席（レストラン）●106
満足●118
満タン●67
真ん中に来て●23

み
見せて●134
見つからない●41
ミディアム●117
見ているだけ●133
見てもいい？●151
身の回りの品●42
身分証明書●94

め
目玉焼き●107
メッセージ●85
メッセージライト●89
メッセージを伝えて●92
メニュー●110

も
もう1度言って●20
もう1日●78
もう1日早く●78
もう1杯●34
もう1枚撮って●22
もう1人来ます●106
毛布●36
モーニングコール●84
持ち帰り●119、128
持ちます●47
もっと焼いて●125

戻して●55

や
焼けすぎ●125
安い部屋●76
薬局●165
やめておきます●138
やめてください●160

ゆ
湯●82
郵便局●89
郵便料金●89
郵便を出して●85
有料●41
湯があふれた●96
湯が出ない●95
行き先●52
ゆっくり言って●20

よ
よい1日を●13
曜日●69
予算●139
呼び出す●90
予約（ツアー）●148
予約（電車）●62
予約（飛行機）●68
予約（レストラン）●102、105
予約しています●106
予約のキャンセル●103
予約変更（飛行機）●69
予約変更（ホテル）●78

り
リムジン●51
量（料理の）●113
両替して●24、88
両替はどこで？●24、45
料金が多すぎる●27
料金です●54
料金はいくら？●65
料金への疑問●98、122
領収書をください●99、141
領収書です●143
旅行の目的●17、40

る れ ろ
ルームサービス●82
レストランはどこ？●102
列●150
レンタカー●64
レンタカーリスト●64
レンタル●156
路線地図●60

わ
ワイン●34、108、118
ワイン開け●82
ワインリスト●109
わかりました●80
わかりません●20
分けて食べます●115
忘れ物●99
私の席●32
私は〜です●16、90
笑って●23

> 本書は、『海外旅行でそのまま使えるかんたん英会話』
> (2004年、NOVA)を読者のリクエストに応じて
> 判型をコンパクトにし新装刊したものです。新装刊
> にあたり一部改訂しました。

相手が話す英語もCDに収録!
海外旅行ひとこと英会話CD-BOOK

2011年7月20日　第1刷発行　　2012年5月10日　第6刷発行

著　者　藤田英時
発行者　久次米義敬
発行所　株式会社主婦の友インフォス情報社
　　　　〒101-0064 東京都千代田区猿楽町1-2-1
　　　　電話 03-3294-0214(編集)
発売元　株式会社主婦の友社
　　　　〒101-0064 東京都千代田区神田駿河台2-9
　　　　電話 03-5280-7551(販売)
印刷所　大日本印刷株式会社

■ 乱丁本、落丁本はおとりかえします。お買い求めの書店か主婦の友社書籍ムックMD課へ(電話 03-5280-7551)ご連絡ください。
■ 内容に関するお問い合わせは、主婦の友インフォス情報社・担当/久次米(電話 03-3294-0214)まで。

Ⓒ Eiji Fujita 2011 Printed in Japan
ISBN978-4-07-278221-7

®〈日本複写権センター委託出版物〉
本書を無断で複写複製(電子化を含む)することは、著作権法上の例外を除き、禁じられています。本書をコピーされる場合は、事前に日本複写権センター(JRRC)の許諾を受けてください。
また本書を代行業者等の第三者に依頼してスキャンやデジタル化することは、たとえ個人や家庭内での利用であっても一切認められておりません。
JRRC〈http://www.jrrc.or.jp　eメール:info@jrrc.or.jp　電話 03-3401-2382〉